OEUVRES

DE

J. BARBEY D'AUREVILLY

IL A ÉTÉ TIRÉ DE CE LIVRE :

20 exemplaires sur papier de Chine.
12 — sur papier Whatman.

Tous ces exemplaires ont été numérotés et paraphés par l'éditeur.

OEUVRES

DE

J. BARBEY D'AUREVILLY

L'AMOUR IMPOSSIBLE

LA BAGUE D'ANNIBAL

PARIS
ALPHONSE LEMERRE, ÉDITEUR
27-31, PASSAGE CHOISEUL, 27-31
—
M DCCC LXXXIV

L'AMOUR IMPOSSIBLE

CHRONIQUE PARISIENNE

> Il ne s'agit point de ce qui est beau et amusant, mais tout simplement de ce qui est.

A Madame
la Marquise Armance D... V...

MADAME,

Je mets ce petit livre à vos pieds, et, fort heureusement, c'est une bonne place, car probablement il y restera. Les exigences dramatiques de notre temps préparent mal le succès d'un livre aussi simple que celui-ci. Il n'a pas l'ombre d'une prétention littéraire, et vous n'êtes point une Philaminte : j'ai donc cru pouvoir vous le dédier. Ce ne serait qu'un conte bleu écrit pour vous distraire, si ce n'était pas une histoire tracée pour vous faire ressouvenir.

Dans un pays et dans un monde où la science, si elle est habile, doit tenir tout entière sur une carte de visite (le mot est de Richter), j'ai pensé qu'on devait offrir à l'une des femmes les plus spirituelles et les plus aimables de ce monde et de ce pays quelques légères observations de salon, écrites sur le dos de l'éventail à travers lequel elle en a fait tant d'autres qui valaient bien mieux, et qu'elle n'a pas voulu me dicter.

Agréez, Madame, etc.

J. B. D'A

PRÉFACE

Le livre que voici fut publié en 184... C'était un début, et on le voit bien. L'auteur, jeune alors, et de goût horriblement aristocratique, cherchait encore la vie dans les classes de la société qui évidemment ne l'ont plus. C'était là qu'il croyait pouvoir établir la scène de plusieurs romans, passionnés et profonds, qu'il rêvait alors ; et cette illusion de romans impossibles produisit L'Amour impossible. Le roman, en effet, n'est jamais que l'histoire de l'âme et de la vie à travers une forme sociale. Or l'âme et la vie n'habitaient pas beaucoup les boudoirs jonquilles de l'époque où se passe l'action, sans action, de ce livre auquel un critique bienveillant faisait trop d'honneur, l'autre jour, en l'appelant : « une tragédie de boudoir. »

L'Amour impossible *est à peine un roman, c'est une chronique, et la dédicace qu'on y a laissée* atteste sa réalité. C'est l'histoire d'une de ces femmes comme les classes élégantes et oisives — le high life d'un pays où le mot d'aristocratie ne devrait même plus se prononcer — nous en ont tant offert le modèle depuis 1839 jusqu'à 1848. A cette époque, si on se le rappelle, les femmes les plus jeunes, les plus belles, et, j'oserai ajouter, physiologiquement les plus parfaites, se vantaient de leur froideur, comme de vieux fats se vantent d'être blasés, même avant d'être vieux. Singulières hypocrites, elles jouaient, les unes à l'ange, les autres au démon, mais toutes, anges ou démons, prétendaient avoir horreur de l'émotion, cette chose vulgaire, et apportaient intrépidement pour preuve de leur distinction personnelle et sociale, d'être inaptes à l'amour et au bonheur qu'il donne... C'était inepte qu'il fallait dire, car de telles affectations sont de l'ineptie. Mais que voulez-vous? On lisait Lélia, — ce roman qui s'en ira, s'il n'est déjà parti, où s'en sont allés l'Astrée et la Clélie, et où s'en iront tous les livres faux, conçus en dehors de la grande nature humaine et bâtis sur les vanités des sociétés sans énergie, — fortes seulement en affectations.

L'Amour impossible, qui malheureusement est un livre de cette farine-là, n'a donc guère aujourd'hui pour tout mérite qu'une valeur archéologique. C'est le mot si connu, mais retourné et moins joyeux, de l'ivrogne de la Caricature : « Voilà comme je serai dimanche. » — Voilà, nous ! comme nous étions...

dimanche dernier, — et vraiment nous n'étions pas beaux! Les personnages de L'Amour impossible traduisent assez fidèlement les ridicules sans gaieté de leur temps, et ils ne s'en doutent pas! Ils se croient charmants et parfaitement supérieurs. L'auteur, alors, n'avait pas assez vécu pour se détacher d'eux par l'ironie. Toute duperie est sérieuse, et voilà pourquoi les jeunes gens sont graves. L'auteur prenait réellement ses personnages au sérieux. Au fond, ils n'étaient que deux monstres moraux et deux monstres par impuissance, — les plus laids de tous, car qui est puissant n'est monstre qu'à moitié. L'auteur qui, quand il les peignait, écrivait de la même main la vie de Brummell, a, depuis, furieusement changé son champ d'observation romanesque et historique. Il a quitté, pour n'y plus revenir, ce monde des marquises de Gesvres et des Raimbaud de Maulévrier, où non seulement l'amour est impossible, mais le roman! mais la tragédie! et même la comédie bien plus triste encore!... En réimprimant ce livre oublié, il n'a voulu que poser une date de sa vie littéraire, si tant est qu'il ait jamais une vie littéraire, voilà tout. Quant au livre en lui-même, il en fait bon marché. Il n'a plus d'intérêt pour l'espèce d'impressions, de sentiments et de prétentions que ce livre retrace, et la Critique, en prenant la peine de dire le peu que tout cela vaut, ne lui apprendra rien. Il le sait.

J. B. d'A.

L'AMOUR IMPOSSIBLE

PREMIÈRE PARTIE

I

UNE MARQUISE AU DIX-NEUVIÈME SIÈCLE

Un soir, la marquise de Gesvres sortit des Italiens, où elle n'avait fait qu'apparaître, et, contre ses habitudes tardives, rentra presque aussitôt chez elle. Tout le temps qu'elle était restée au spectacle, elle avait, ou n'avait pas écouté cette musique, amour banal des gens affectés, avec un air passablement ostrogoth, roulée qu'elle était dans un mantelet de velours écarlate doublé de martre zibeline, parure qui lui donnait je ne sais quelle mine royale et barbare, très-seyante du reste au genre de beauté qu'elle avait.

Elle jeta d'une main impatiente dans la coupe d'opale de la cheminée les pierres verdâtres — deux simples aigues-marines — qu'elle portait à ses oreilles ; et, devant la glace qui lui renvoyait sa belle tête, elle n'eut pas le sourire si doux pour elle-même que toutes les femmes volent à leur amant ; elle n'essaya pas quelque sournoise minauderie pour le lendemain ; elle n'aiguisa pas sur la glace polie une flèche de plus pour son carquois. Il faut lui rendre cette justice : elle était aussi naturelle qu'une femme, qui n'est pas bergère sur le versant des Alpes, peut l'être dans une chambre parfaitement élégante, à trois pas d'un lit de satin.

Bérangère de Gesvres avait été une des femmes les plus belles du siècle, et quoiqu'elle eût dépassé l'âge où les femmes sont réputées vieilles dans cet implacable Paris qui pousse chaque chose si vite à sa fin, on comprenait encore, en la regardant, tous les bonheurs et toutes les folies. Elle était de cette race de femmes qui résistent au temps mieux qu'aux hommes, ce qui est pour toutes la meilleure manière d'être invincibles.

Comme Mlle Georges, qu'elle n'égalait pas pour la divinité du visage, mais dont elle approchait cependant, elle avait sauvé de l'outrage fatal des années des traits d'une infrangible régularité ; seulement, plus heureuse que la grande tragédienne, elle ne voyait point sa noble tête égarée sur un corps monstrueux, le sphinx charmant, sévère, éternel, finissant en hippopotame. Le temps, qui l'avait jaunie comme les marbres exposés à l'air, n'avait point autrement altéré sa forme puissante. Cette forme offrait en Bérangère un tel mélange de mollesse et de grandeur, c'était un hermaphrodisme si bien fondu entre ce qui charme et ce qui impose, entre ce qui subjugue et ce qui enivre, que jamais l'art et ses incomparables fantaisies n'avaient rien produit de pareil. Elle était fort grande, mais l'ampleur des lignes disparaissait dans la grâce de leur courbure, dans la plénitude et l'uberté des contours. Sa tête, soutenue par un cou d'une énergie sculpturale, était couverte de cheveux châtain-foncé, tantôt tombant à flots crêpés très clair des deux côtés du visage, coiffure absurde avec un visage comme le sien ; tantôt tressés durement le long des joues, ce qui commençait à merveilleusement alier à son genre de physionomie ; ou enfin partagés parfois en bandeaux, comme elle les avait ce soir-là, avec une émeraude sur le front, ce qui était sa plus triomphante et sa plus magnifique manière. Le front manquait d'élévation ; il n'était pas carré comme celui de Catherine II ; mais sous sa forme toute féminine, il y avait dans sa largeur d'une tempe à l'autre une force d'intelligence supérieure. Les sourcils n'étaient pas fort marqués, ni les yeux qu'ils couronnaient fort grands ; mais ces sourcils étaient d'une irréprochable netteté, et ces yeux avaient un éclat si profond qu'ils paraissaient immenses à force de lumière, et que plus grands, ils eussent semblé durs. Les yeux étaient un trait caractéristique en M{mc} de Gesvres. Naturellement, ils n'avaient point de douceur, et restaient perçants et froids. C'étaient les yeux d'un homme d'État de génie qui comprendrait assez toutes choses pour n'avoir le dédain de rien. Quand elle voulait : — car le monde lui avait appris ce qu'il aime — les rendre caressants et tendres, ils devenaient câlins et presque faux. Tout un ordre de sentiments manquait à ce regard d'une flamme si noire, qui n'était vraiment superbe que quand il était attentif.

Mais partout ailleurs se retrouvait la femme, et même autour de ces yeux virils apparaissait la trace meurtrie et changeante qui suffirait à indiquer le sexe, si le sexe ne se trahissait ailleurs dans d'adorables différences. En effet, la largeur des joues voluptueusement arrondies, le contour un peu gras du menton, et les morbidezzes caressantes de la bouche, tout contrastait avec l'étoile fixe du regard. Pour les femmes qui cachent sous la délicatesse des lignes des organes puissants et une vitalité profonde, il y a une beauté tardive plus grande que les splendeurs lumineuses et roses de la jeunesse. Mme de Gesvres était une de ces femmes, un de ces êtres privilégiés et rares, une de ces impératrices de beauté qui meurent impérialement dans la pourpre et debout. Comme Ariane, aimée par un dieu, elle se couronnait des grappes dorées et pleines de son automne. Au contour fuyant de la bouche, près des lèvres souriantes et humides, à l'origine des plus aristocratiques oreilles qui aient jamais bu à flots les flatteries et les adorations humaines, on voyait le duvet savoureux qui ombre d'une teinte blonde les fruits mûrs, et qui donne soif à regarder. Du front, l'ambre qui colorait cette peau, blanche et mate autrefois, avait coulé jusqu'aux épaules, que Bérangère aimait à faire sortir de l'échancrure d'une robe de velours noir, comme la lune d'une mer orageuse. On eût dit que ce dos vaste et nu, qui renvoyait si bien la lumière, avait brisé les liens impuissants du corsage ; il se balançait, avec une ondulation de serpent, sur des reins d'une cambrure hardie, tandis qu'au-dessous des beautés enivrantes qui violaient, par l'énergie de leur moulure, l'asile sacré de la robe flottante, se perdait, dans les molles pesanteurs du velours, le reste de ce corps divin.

Ce soir-là, elle n'avait pas la physionomie de sa réputation. Elle passait pour une damnée coquette, — damnée ou damnante, je ne sais trop lequel des deux. — Les hommes qui l'avaient aimée ou désirée — nuance difficile à saisir dans les passions négligées de notre temps — la donnaient, en manèges féminins et en grâces apprises, pour une habileté de premier ordre. Comme, une fois sur la pente, on ne s'arrête plus, on disait encore davantage ; le mot coquetterie n'est que le *clair de lune* de l'autre mot qu'on employait. Du reste, que ce soit une médisance ou une calomnie, une telle réputation n'est pas une croix bien lourde quand on a affaire au scepticisme de la société parisienne, et qu'on est jeune, spirituelle et jolie. Avec cela toute croix n'est plus qu'une *jeannette*, et peut se porter légèrement.

Mme de Gesvres portait la sienne sur de magnifiques épaules, avec le stoïcisme d'une beauté qui répond à tout. Elle avait été une des femmes les plus à la mode de Paris. Avant le temps où l'on s'abdique, et où le sceptre de la royauté des salons, frêle porte-bouquet en écaille, passe à des mains plus jeunes, elle s'était éloignée d'un monde qu'elle voyait toujours, mais par plus rares intervalles. Elle quittait moins sa douillette de soie grise et ses pantoufles de velours, froc et sandales de ces belles ermites de boudoir. On s'étonnait de ce changement accompli dans la vie de l'étincelante marquise : on ne se l'expliquait pas. Belle et coquette, si elle sentait sa beauté décliner, si elle n'y croyait plus, pourquoi tant de coquetterie encore ? et si cette coquetterie était justifiée, pourquoi cet éloignement du monde ? Ah ! sans doute, elle était coquette, mais elle était plus que cette jolie chose qui nous plaît tant et qui nous désole.

Elle sonna, — une grande fille faite à peindre, l'air hardi et sournois tout ensemble, et qu'elle appela Laurette, entra pour la déshabiller. Mme de Gesvres avait pour habitude de ne jamais adresser la parole à ses femmes de service. Elle évitait par là la glose d'antichambre sur l'humeur de *Madame*. Elle tendit ses pieds à Laurette qui, un genou à terre devant elle, se mit à délacer ses brodequins. Pendant ce temps, Mme de Gesvres lisait une lettre qu'elle jeta sur la cheminée après l'avoir lue et sans lui faire l'honneur de la froisser.

— Qu'il vienne, puisqu'il y tient, — dit-elle. — Qu'est-ce que cela me fait ? Il ne m'ennuiera pas plus que tous les autres. — On le voit, ce soir-là, l'ennui était le mal de Mme de Gesvres. Hélas ! c'était son mal de tous les jours. Non pas seulement cet ennui fatigué, nerveux, assoupi, qui vient des autres, mais celui que certaines âmes portent en elles-mêmes comme une native infirmité.

C'est qu'elle était justement de cette race d'âmes frappées dès l'origine et dans lesquelles l'éducation, le monde, l'oisiveté orientale des mœurs élégantes, tout avait entretenu et développé cette disposition à l'ennui dont elle se sentait la victime. Si elle avait eu quelque passion, des regrets affreux — car c'est à cela qu'aboutit l'inanité des souvenirs — auraient du moins été une proie pour sa pensée ou ses sentiments, deux choses si voisines dans les femmes ! Mais de passion, en avait-elle jamais eu, et quoiqu'elle le dît, pouvait-on la croire ? Quand elle affirmait, en montrant ses dents nacrées, qu'elle avait aimé autrefois avec énergie et qu'elle avait horriblement souffert, on ne pouvait s'empêcher de douter qu'il y eût eu jamais quelque chose de violent dans un être si parfaitement calme, et d'horrible dans un être si parfaitement beau.

Et pourtant, oui, elle avait aimé. Au début de la vie, et peu de temps après son mariage, la trahison d'un amant lui avait brisé le cœur.

Un jour cet amant, dans un accès de fureur jalouse, lui brisa aussi une de ces épaules qu'elle aimait à découvrir aux regards éperdus des hommes. Dans la civilisation de la femme, une épaule cassée est plus qu'un cœur brisé, sans nul doute. Mme de Gesvres ne voulut point revoir son amant.

Elle passa presque une année dans la solitude la plus complète. Son mari traînait des velléités d'ambition à la suite de l'ambassadeur de France à Saint-Pétersbourg. Il laissait à sa femme toute la liberté dont jouit une veuve. Après son année de solitude, elle reparut plus brillante que jamais.

A la coquetterie d'instinct, elle ajouta la coquetterie de réflexion. Le monde lui donna une foule d'amants qu'elle ne prit pas. Il est vrai que le monde avait pour lui ces probabilités et ces apparences qui décident de tout dans un procès criminel. Mais quoi qu'il en pût être, le vieux juge fut dupé, et l'opinion publique mystifiée.

Comme toutes les femmes qui ont quelque distinction dans l'esprit et cette froideur de sens, distinction non moindre et la prétention un peu hautaine des vicomtesses de notre époque, Mme de Gesvres ne trouvait plus les hommes bons que pour des commencements d'aventures dont les dénoûments restaient bientôt impossibles. En vain, l'imagination avait dit: *oui*; le bon sens fortifié par l'expérience répondait *non* tout haut et toujours. Ainsi la vie de cette femme avait-elle contracté dans ses moindres actes une pureté, fille de la sanité de l'esprit, la seule pureté qui puisse exister dans le monde de corruptions charmantes où nous avons le bonheur de vivre.

C'était là le beau côté de la marquise de Gesvres, mais elle l'estimait sans doute beaucoup moins qu'il ne valait. On ne lui avait jamais appris à se préoccuper de ce qu'il peut y avoir de moral et d'élevé dans une situation ou dans une habitude de la pensée. Cet intérêt profond et immatériel que certaines âmes orgueilleuses tirent d'elles-mêmes lui avait toujours manqué; elle n'y songeait pas. Le seul intérêt qu'elle comprît était plus vulgaire, mais aussi plus aimable (aimable est un mot inventé par la vanité des autres), puisque cet intérêt prenait sa source dans des sentiments partagés.

Aussi faisait-elle bon marché de ce qui la rendait une noble créature sous des apparences bien légères. Elle avait grand tort ; mais vous le lui auriez dit, que l'indomptable enfant gâté qu'elle était vous aurait regardé avec un air de scepticisme et de lutinerie, et vous eût envoyé promener, vous et vos sublimes raisonnements. Elle croyait tellement en elle-même, elle poussait la fatuité d'être belle jusqu'à un tel vertige, qu'elle n'imaginait pas que cette expression de malice triomphante et de moquerie pût faire tort à sa beauté même et former une dissonance avec l'ensemble de ses traits sévères, réguliers, harmonieux.

Et cependant ce culte de sa beauté n'était pas si grand qu'il lui donnât les émotions que sa nature et son désir secret exigeaient. Il lui aurait fallu un autre être à admirer et à aimer que celui qu'elle rencontrait périodiquement chaque soir et chaque matin dans la glace de son alcôve. Elle n'en convenait pas vis-à-vis d'elle-même, car nos petits systèmes de fausseté à l'usage du monde nous suivent beaucoup plus loin qu'on ne croit : ils adhèrent à la conscience et s'introduiraient jusque dans nos prières à Dieu, si nous en faisions. Peut-être est-ce aller trop loin, nonobstant, que de dire qu'elle ne convenait pas de ce besoin d'affection tant de fois trompé déjà. Elle le masquait plutôt. Elle se donnait les airs élégiaques de torche fumante ; mais quoiqu'on pensât que le pied qui avait éteint et renversé un pareil flambeau dût être celui d'un grand profane ou d'un grand habile en fait de bonheur, on souriait d'incrédulité à ces discours sur la consommation définitive de sa faculté d'aimer, car s'il est beaucoup de femmes qui se prostitueront toujours en se donnant, vu la bassesse ordinaire des amants favorisés et des hommes en général, il n'est pas certain pour cela que les cœurs aimants soient radicalement corrigés des mouvements généreux. Autrement, la première épreuve malheureuse serait une garantie plus solide qu'elle n'a coutume de l'être en réalité.

Ces airs-là, du reste, n'étaient que des caprices en Mme de Gesvres. Ils n'entraient point dans son attitude ordinaire ; mais, comme elle était fort mobile, après avoir tourné le kaléidoscope de plusieurs manières, ils ne manquaient jamais d'arriver. Ils devenaient même souvent le point de départ d'une théorie que beaucoup de femmes se permettent, et qui restait théorie dans la bouche de Mme de Gesvres, à cause justement de ces qualités précieuses que nous avons indiquées, la froideur des sens et la hauteur de son esprit. Cette théorie, à l'usage de tout ce qui est corrompu, ne va rien moins qu'à tuer la probité dans les sentiments les plus beaux et les relations les plus chères : C'est une déclaration d'indépendance, ou plutôt une vraie déclaration de brigandage. — Parce que l'on a été malheureuse une fois, parce qu'on a fait un choix indigne, on se croit hors du droit commun en amour. On se promet de la vengeance en masse, envers et contre tous. On mâche ses balles ; on empoisonne ses flèches et ses puits. C'est de la justice sur une grande échelle, c'est du talion élargi. Mais, comme l'on proclame bien haut ce qui serait peut-être dangereux si on voulait garder le silence, on donne du cœur à l'ennemi en lui annonçant le fil de l'épée. Quand Mme de Gesvres parlait des tourments qu'on devait infliger aux hommes, et qu'elle paraissait résolue à leur en prodiguer sans compter, n'allumait-elle pas elle-même le phare sur l'écueil ?

Ainsi elle avait le langage de la corruption et elle n'était pas corrompue, et l'ennui renforçait encore ce langage auquel le monde se prenait avec son génie d'observation ordinaire. Elle répétait qu'*il fallait tout faire, si tout amusait ;* principe fécond en nombreuses conséquences et dont, cynique de bonne compagnie, elle entrevoyait fort bien la portée. Seulement, si l'on eût invoqué le principe en son nom, si l'on se fût réclamé contre elle de la bravoure de sa parole, elle aurait mis bien vite sa fierté à couvert sous l'interrogation assez embarrassante : Vous ai-je dit, monsieur, que cela m'amusât ?

Laurette s'en était allée après avoir mis aux pieds de sa belle maîtresse les molles pantoufles, nourrices de la rêverie. Elle l'avait déshabillée pendant le temps que j'ai essayé de faire connaître un peu en gros et rapidement le caractère qui doit donner la vie à ce récit. Mme de Gesvres restait assise sur une espèce de divan très bas. Elle avait repris la lettre jetée par elle dans la coupe irisée où elle avait déposé les aigues-marines de ses oreilles. Elle se mit à relire nonchalamment cette lettre si vite parcourue et qui disait :

« Madame,

« Une de vos amies, Mme d'Anglure, a eu la
« bonté de vous parler de moi quelquefois. Je n'ose
« croire à un intérêt qui me flatterait trop, ne fût-il
« que la curiosité la plus simple. Mais vous avez
« eu la grâce de dire à Mme d'Anglure qu'elle pou-
« vait m'amener à vos pieds. Ce n'est pas là préci-
« sément le mot que vous avez dit ; mais c'est ma
« pensée. Retournerez-vous contre moi l'absence de
« Mme d'Anglure, qui ne doit revenir à Paris qu'au
« commencement du printemps, et ne me permet-
« trez-vous pas, madame, de me présenter seul chez
« vous ?

« Agréez, madame, etc.,

« R. DE MAULÉVRIER. »

C'était, comme l'on voit, un billet fort simple pour demander une chose plus simple encore, le droit de se présenter et la faveur d'être reçu, ce qu'il y a au monde de plus officiel dans nos mœurs.

Le billet avait raison quand il disait que Mme de Gesvres avait exprimé à Mme d'Anglure le désir de voir chez elle M. de Maulévrier. Il avait tort quand il ajoutait *qu'il n'oserait croire* et toute la sournoiserie de modestie hypocrite qui suivait. Personne n'était moins modeste que M. de Maulévrier, et il osait très bien croire à l'intérêt qui devait le flatter le plus.

Il faut bien dire, car c'est la vérité, que M. de Maulévrier était l'amant de Mme d'Anglure, et que celle-ci, liée avec la marquise de Gesvres, lui avait raconté, dans des confidences intimement ennuyeuses pour l'amie chargée du rôle d'écouter, tous ses impertinents bonheurs. Jeune, expansive, enthousiaste, Mme d'Anglure avait fait de Mme de Gesvres le témoin de bien des folles larmes. Comme Mme de Gesvres allait peu dans le monde et que M. de Maulévrier était fort blasé sur les plaisirs qu'on y goûte, il n'était pas étonnant qu'ils ne s'y fussent jamais rencontrés. D'un autre côté, dans le temps du *règne* de Mme de Gesvres, M. de Maulévrier ne vivait point à Paris.

Une chose qui prouve admirablement en faveur de notre société actuelle, c'est qu'autant on se perd corps et âme dans le mariage, autant on reste à la surface du monde au sein de l'amour le plus profond et le plus vrai. Un homme gagne cent pour cent aux yeux de toutes les femmes quand il passe pour avoir cette rareté grande, une véritable passion dans le cœur. C'est une distinction inappréciable, une décoration qui sied à l'air du visage ; cela *fait bien*, comme diraient des femmes, de l'ordre de la Toison d'or sur une cravate de velours noir. Malgré la démocratie qui nous emporte, la Toison d'or aura encore pendant longtemps un très grand charme de parure ; mais quand on ne l'a pas à s'étaler sur la poitrine, un attachement très avoué pour une femme en particulier pose merveilleusement auprès des autres.

Et en sa qualité de femme, la marquise de Gesvres subissait cela comme les moins distinguées de son espèce. Aussi, plus d'une fois avait-elle demandé des détails à Mme d'Anglure sur la *grande passion* de M. de Maulévrier. Le diable sait seul probablement ce qui se passait dans sa tête pendant que Mme d'Anglure répondait longuement à ses questions. Il y avait peut-être le singulier intérêt qui s'attache pour toute femme à un amour qui n'est pas pour elle ; peut-être aussi un peu de malice, car Mme d'Anglure paraissait un peu sotte à sa tendre amie, et celle-ci s'était étonnée plus d'une fois qu'une pareille femme eût pu fixer un homme du mérite de M. de Maulévrier.

En effet, M. de Maulévrier avait un mérite incontesté dans le monde ; il y jouissait d'une réputation superbe d'homme d'esprit qui, comme la Fortune, était venue s'asseoir à sa porte sans qu'il lui eût fait la moindre avance. Son indolence était telle qu'on pouvait le voir cinquante fois de suite et ne pas connaître, comme l'on dit, la couleur de ses paroles. Eh bien ! son silence lui réussissait. On le respectait comme un serpent engourdi ; il passait, à raison ou à tort peut-être, mais enfin il passait pour un homme supérieur.

Cette réputation était venue jusqu'à Mme de Gesvres. Aussi lui semblait-il étrange que M. de Maulévrier eût eu la méprise d'un amour sérieux pour Mme d'Anglure ; comme si l'esprit était nécessaire pour se faire aimer, quand on a des manières pleines d'élégance et un genre de beauté très relevé et vraiment patricien ! Ces avantages si nets, Mme d'Anglure les possédait à un degré éminent ; que lui fallait-il davantage ? Mme de Gesvres, qui jugeait un peu trop l'amour du point de vue commun à toutes les relations de la vie, croyait bonnement que l'esprit était la perle des dons que Dieu a répandus sur les femmes, et le *Régent* de leurs couronnes. Petit enfantillage égoïste, ordinaire aux personnes spirituelles qui ont la modestie d'ignorer que tout l'esprit du monde ou du diable ne vaut pas le plus léger mouvement d'éventail quand il s'avise d'être gracieux.

Et tout cela aurait dû, à ce qu'il semblait, donner à Mme de Gesvres l'intérêt de la visite qu'elle attendait le lendemain. Mais sa pensée était si lasse, la nuit l'affaissait tellement sur elle-même, qu'elle était aussi déprise de tout que jamais en regardant sans voir le cachet qui fermait la lettre de M. de Maulévrier.

A quoi pensait-elle ? — Elle ne pensait pas. Elle avait la torpeur de cet ennui qui noyait sa vie. Nulle préoccupation n'influait sur sa manière d'être. Nul pressentiment ne l'avertissait de la nouvelle ère que le lendemain commencerait pour elle. Les pressentiments n'atteignent jamais que les êtres chez qui l'imagination domine et le corps languit. Or, Mme de Gesvres avait beaucoup trop d'esprit pour avoir de l'imagination, et son corps ne languissait pas plus que les torses de Rubens.

II

LA PREMIÈRE ENTREVUE

Le lendemain, Mme de Gesvres alla au bois, malgré l'humidité déjà froide des matinées d'octobre. En revenant de sa promenade, elle fit quelques visites et rentra pour recevoir M. de Maulévrier.

Celui-ci vint peu de temps avant l'heure où l'on dîne, et comme l'on était en octobre et que, d'ailleurs, l'appartement de Mme de Gesvres était drapé avec toutes les prétentions au mystère qu'ont tant de femmes qui n'ont rien à cacher, ils se virent à peine, tout en se parlant d'assez près.

Ainsi ils commencèrent par où les autres finissent, car l'esprit est la dernière chose que l'on montre dans ces premières rencontres qu'on appelle *faire connaissance*, et l'air, la figure et la pose y sont presque tout dès l'abord ; le reste vient après, s'il y a un reste, lequel, par parenthèse, n'est jamais accepté que sur le pied où l'air, la figure et la pose l'annoncent ; chose absurde, mais souveraine.

La conversation fut ce qu'elle est toujours quand on se voit pour la première fois. Cependant, comme ils étaient assez curieux de se connaître l'un et l'autre, à cause de ce qu'ils avaient entendu dire en bien ou en mal de leurs augustes personnes, ils montrèrent plus d'entrain dans leur conversation qu'on n'était en droit d'en attendre d'une femme ordinairement ennuyée et d'un homme ordinairement indolent. Ils s'animèrent ; ils firent feu de temps à autre avec la parole, et enfin ils se *parurent* réciproquement très spirituels. Vivant sous l'empire de la civilisation parisienne, et n'étant plus ni l'un ni l'autre au début de la vie (Mme de Gesvres avait trente-deux ans et M. de Maulévrier vingt-sept), c'était la seule sensation qu'ils devaient se donner. Ils ne pouvaient éprouver ces ridicules embarras qui prédisposent à l'amour et qui constituent à la première entrevue le douloureux bonheur d'être ensemble.

Ils parlèrent fatalement de Mme d'Anglure, puisqu'elle était le nœud de leur connaissance. Ils en parlèrent avec un goût et une sobriété parfaite, comme l'on doit parler de son ami et de sa maîtresse dans un monde où l'on est obligé de montrer l'indifférence la plus dégagée à propos de ses meilleurs sentiments. Aux termes où ils en étaient, nulle allusion à la liaison de Mme d'Anglure et de M. de Maulévrier n'était possible entre gens de si bonne compagnie. Qui des deux se la serait permise fût tombé dans le mépris de l'autre immédiatement.

Cette réception presque dans la nuit, grâce à l'heure avancée d'un jour d'octobre et aux obscurités de l'appartement, impatientait un peu M. de Maulévrier. Il y avait bien du feu dans la cheminée, mais c'était un brasier dont la lueur ne remontait pas jusqu'au visage de Mme de Gesvres, et dont le reflet mourait sur des pieds irréprochables dans leur svelte forme, mais pleins de puissance, et qui s'appuyaient avec plus d'aplomb que de légèreté sur un coussin de velours.

Laurette fit cesser toutes les impatiences intérieures de M. de Maulévrier. Elle apporta une petite lampe d'albâtre qui déversait une de ces fausses et charmantes lumières comme le génie du mal, le diable en personne, a dû en inventer pour l'usage des femmes qui font ses affaires dans ce monde ; car tout ce qui est mensonge leur va à merveille, et cette lumière est une flatterie.

Le coup d'œil de part et d'autre fut aussi assuré que rapide.

— Je vous connaissais, monsieur, — dit Mme de Gesvres.

— Et moi aussi, madame, je vous connaissais, — répondit M. de Maulévrier.

Ils s'étaient vus, la veille, aux Italiens. M. de Maulévrier, qui était seul dans sa loge, n'avait pu demander à personne quelle était cette femme enveloppée dans sa pelisse pourpre avec un air si antidilettante, et Mme de Gesvres avait très bien remarqué l'élégance d'un homme dont la physionomie indifférente avait l'air que nous pourrions supposer aux paresseuses divinités de Lucrèce.

Mais l'attention de Mme de Gesvres pour un homme dont les regards obstinément fixés sur elle devaient avoir le velouté d'un hommage, ne dura que quelques instants. Gâtée par les prosternements des hommes, objet des plus ardentes contemplations, cible ajustée par toutes les lorgnettes, Mme de Gesvres se détourna bientôt de cet homme de plus qui probablement l'admirait. Comme ce soir-là était un de ses plus cruels moments d'ennui, elle sortit bien avant la fin du spectacle, et ne se douta point que la lettre qui lui fut remise en descendant de voiture fût précisément du seul être qui dans la soirée l'eût fait sortir, pour une minute, de ses anéantissements.

Par un hasard unique dans les annales de Mme de Gesvres, la seconde impression que lui causa M. de Maulévrier fut dans le même sens que la première. Comme l'on dit dans le monde avec une élégance positive et un peu abstraite, elle le *trouva bien ;* toutes les plus passionnées admirations venant expirer à ce mot suprême, les colonnes d'Hercule de l'éloge dans l'appréciation des gens bien appris.

Quant à elle, il était évident qu'elle était moins belle aux yeux de M. de Maulévrier, vêtue de gris comme elle l'était alors et avec un bonnet, — charmant pour qui n'eût été que jolie, — que la veille, les cheveux plaqués aux tempes, l'émeraude flamboyante au front, et ses larges flancs respirant puissamment dans la peau de bête fauve qui doublait sa mante écarlate. Il y avait entre cette espèce de panthère étalée dans la cage d'une loge au Théâtre-Italien et la Parisienne sédentaire, assise près du foyer, sur sa causeuse, une différence immense, infranchissable, — celle du rose pâle de ses gorgères.

Mais quelles que fussent leurs impressions à tous les deux, ils ne s'en cachèrent pas plus qu'ils ne s'en communiquèrent le secret. Ils ne pouvaient encore se mentir l'un à l'autre, privilège d'une connaissance plus étroite et d'une intimité plus grande. Seulement, ils mentirent à Mme d'Anglure en lui écrivant leur opinion l'un sur l'autre, M. de Maulévrier dans la soirée de cette première entrevue, et Mme de Gesvres huit jours après, comme si c'était en elle paresse pleine d'indifférence, mensonge de plus !

Voici quelques-uns des mensonges de M. de Maulévrier :

« Vous m'avez quelquefois reproché, ma chère
« Caroline, la prétention au coup d'œil d'aigle et

« à la vérité de la première impression. Une fois
« de plus, une fois encore, je vais vous donner
« des armes contre moi. Vous grondez si bien et
« d'une voix si douce, que je désire beaucoup
« plus vos gronderies que je ne les crains. Je
« sors de chez Mme de Gesvres. Je viens de voir
« cette fière beauté si renommée, et qui tout
« crûment me déplairait, si elle n'était pas votre
« amie.

« Hier, je l'avais aperçue aux Italiens, sans me
« douter que ce fût elle. De loin, aux lumières,
« elle produit un effet assez imposant, mais de
« près et de plain-pied on s'arrange peu de tout
« ce grandiose. Franchement, quand on n'est pas
« impératrice de Russie et qu'on n'a pas empoi-
« sonné son mari, il ne sied pas en Europe d'a-
« voir un genre de beauté comme celui-là.

« Mme de Gesvres, qui n'est qu'une des femmes
« les plus élégantes de Paris et qui n'a jamais
« empoisonné de mari, car à quoi bon dans nos
« mœurs actuelles? est une coquette éblouie et
« gâtée par les éloges, les admirations, les fausses
« amitiés et les faux amours, et qui n'entend pas
« plus les intérêts de sa beauté que s'il n'y avait
« pas de glace sur la cheminée et d'instinct de
« femme dans son cœur. Je l'ai trouvée mise
« comme vous auriez pu l'être, ma chère belle,
« vous d'une beauté si molle et si pure! Comme
« vous, elle ose bien fermer à demi ces yeux qui
« ne sont pas trop grands, je vous jure, et qui,

« je crois, sont aisément durs. Mais ce qui est en
« vous abandon et charme n'est en elle que
« chatterie et perpétuels artifices. Elle travaille
« immensément son sourire, mais elle ferait bien
« mieux de l'attendre que de l'appeler.

« Rien dans ce que je lui ai entendu dire ne
« justifie la réputation de personne d'esprit qu'on
« lui a faite. D'ailleurs, l'esprit d'une femme est
« tout ce qui semble l'expression de son âme, et
« si Mme de Gesvres a de l'âme (car vous la dites
« bonne, compatissante, dévouée), rien n'en
« passé à travers sa beauté opaque qui n'étin-
« celle jamais que du feu d'une plaisanterie, ou
« du désir de paraître plus grande qu'elle ne
« l'est en réalité, etc., etc. »

C'est ainsi que M. de Maulévrier rendait compte
à la charmante petite d'Anglure de sa visite à
Mme de Gesvres. Le jugement qu'il venait d'écrire,
quoique vrai en plusieurs endroits, et en se tenant
aux surfaces d'une nature féminine qui ne manquait pourtant pas d'une certaine profondeur, ce
jugement était complètement faux d'après les
sensations de celui qui l'avait écrit. La beauté de
Mme de Gesvres, si critiquée, l'avait au fond
trouvé très sensible, et ni la robe inharmonieuse
de soie gris de perle, d'une teinte trop indécise et
trop pâle, ni ces rubans roses, noués sous ce
menton qui avait la matidité du marbre et l'idéalité du ciseau grec, ni ces sourires bassement
mendiants de coquette, ni ces regards mi-clos à

dessein et voluptueux à froid, n'avaient empêché M. de Maulévrier de regarder Mme de Gesvres comme la plus belle créature qu'il eût jamais vue, et la plus *tentatrice* pour son imagination blasée d'homme du monde et ses sens expérimentés de vingt-sept ans.

Il est vrai que depuis quatre immenses mois il était lassé de cette beauté de camélia élancé, mol et pur, que Mme d'Anglure possédait à un degré si éminent; de toute cette jeunesse virginale encore, malgré deux années d'un mariage consommé seulement, à ce qu'il semblait, dans l'écartèlement de deux écussons sur la portière d'une voiture; de toutes ces fragilités d'albâtre, de toutes ces délicatesses infinies qui faisaient de Mme d'Anglure une friandise si recherchée par les sybarites intellectuels de l'amour moderne. Et ce n'est pas tout encore : il était fatigué aussi de l'imperturbable tendresse qu'on lui montrait, et de cette bêtise pleine de charme qu'aimaient Rivarol et Talleyrand et qui est le majorat des femmes tendres. Ces dispositions, que lui seul appréciait, furent peut-être la cause de son admiration spontanée pour Mme de Gesvres. Du moins cela la prépara-t-il. Le monde reconnaissait à Mme de Gesvres beaucoup plus que cet esprit, le seul exigible dans les femmes et qu'elles ont en commun, quand elles sont jolies, avec les pêches mûres et les roses mousse entr'ouvertes. Or cette opinion du monde pouvait influer sur M. de

Maulévrier qui n'était pas du tout un philosophe, et qui, dans ses fantaisies et ses préférences, n'avait pas le mauvais goût héroïque de mépriser l'opinion.

Quant à Mme de Gesvres, les mensonges qu'elle écrivit à son amie Mme d'Anglure furent beaucoup plus courts, et par conséquent beaucoup plus profonds que ceux de M. de Maulévrier. Si tout homme ment, dit le sage, toute femme ment aussi, mais beaucoup mieux. Au lieu d'arranger agréablement de petites faussetés en manière d'opinions, comme n'avait pas manqué de faire M. de Maulévrier, Mme de Gesvres eut l'art de glisser dans une lettre sur la façon de poser les volants et la forme nouvelle des turbans de l'hiver, un : « A propos, ma chère, j'ai vu M. de Maulé-
« vrier. Mon Dieu, comment est-il possible que
« vous vous soyez compromise pour cet homme-
« là ! » Il y avait dix-huit mois en effet que Mme d'Anglure avait été jugée compromise par les soins qu'elle agréait de M. de Maulévrier. La phrase de Mme de Gesvres le rappelait avec une charmante cruauté de compatissance. Tout le génie de la femme respirait dans ce repli épistolaire. C'était tout à la fois mensonge et perfidie, masque et stylet.

Cependant, comme M. de Maulévrier était en vacances de cavalier servant par l'absence de Mme d'Anglure, il ne trouva rien de mieux à faire que de retourner chez la marquise. Elle avait pris son air de reine pour lui dire qu'elle était toujours chez elle à quatre heures. C'était de tous les airs que sa mobile coquetterie et ses talents de comédienne lui inspiraient, et qui semblaient plus nombreux et plus étonnants que les merveilleuses robes de Peau d'Ane, celui qui allait le mieux à son genre de physionomie, comme le rouge était la couleur qui seyait le plus à son teint. — M. de Maulévrier, qui trouvait une nuance de bassesse dans la courtoisie des hommes vis-à-vis des femmes, et que Mme d'Anglure avait dressé au rôle de sultan, ne fut point blessé de l'assurance avec laquelle on lui prescrivait presque de venir. Avec ses idées sur la position des femmes au dix-neuvième siècle et les habitudes de toute sa vie, cela ressemblait à de la prédestination.

III

MAULÉVRIER

L E marquis Raimbaud de Maulévrier était un de ces élégants patriciens comme il s'en détache quelquefois sur le fond commun de notre société bourgeoise; mais tout patricien qu'il fût, c'était un homme d'une raison trop affermie pour se méprendre aux tendances de son époque et pour se faire le Don Quichotte d'un temps épuisé. Élevé par une famille gardienne fidèle de bien des préjugés sur les classes auxquelles écherra le pouvoir de l'avenir, il n'avait accepté aucune des illusions qui font de quelques jeunes nobles de nos jours des oisifs frémissants et superbes, ne voulant pas se mêler aux promiscuités de la mauvaise compagnie. Ce mot lui-même sent l'illusion que M. de Maulévrier ne partageait pas. C'est une épave d'une société naufragée, poussée par le flot de l'habitude dans le langage du temps pré-

sent. Il ne peut plus y avoir en effet de mauvaise
compagnie pour une nation qui a mis l'égalité
dans son code, et qui trouvera peut-être un de
ces matins dans ses mœurs la nécessité du suf-
frage universel. (1) Cette appréciation exacte et
désintéressée des choses, qui aurait fait de M. de
Maulévrier un homme d'État, si derrière cette
appréciation il y avait eu l'ambition qui l'applique
et qui l'utilise, l'avait empêché de jouer au pas-
tiche, comme tous les pauvres jeunes gens ses
contemporains. C'était un dandy de son époque,
et rien de plus. Seulement, pour n'avoir été rien
de plus, pour s'être arrêté à ce point juste dans
la réalité de son temps, pour n'avoir singé ni
Byron, ni Alfieri, ni Lovelace, ni Don Juan, ces
physionomies devant lesquelles tout ce qui en
avait une la grima, pour avoir échappé au néo-
christianisme, aux préoccupations moyen-âge, et
pour être demeuré dans l'insouciante vérité ou le
doute insouciant de sa nature, il avait fallu une
certaine force d'inertie rebelle aux entraînements
du dehors, ou une raison supérieure. Cette raison
supérieure, M. de Maulévrier l'aura plus tard sans
nul doute; mais la coupe de ses vêtements était
alors d'une trop grande élégance pour que l'indolence de sa personne ne fît pas la moitié de la
puissance de sa raison. C'était comme le dernier
archevêque de Rohan, qui devint prêtre parce

(1) Il l'y a trouvé.

que sa femme était morte pour avoir mis le feu à sa jupe, mais qui, à cause de la beauté même des dentelles de son rochet d'archevêque, faisait un peu tort à la magnifique réputation de son chagrin.

Au reste, s'il avait été préservé par les défauts et les qualités de son esprit des imitations tourmentées d'une époque de perroquets et de singes, M. de Maulévrier n'était ni plus vrai, ni plus naturel qu'on ne l'est ordinairement à Paris. A Paris, qui est vrai maintenant? Le naturel n'est plus que la superstition de quelques femmes charmantes; mais ces femmes charmantes mettent une nuance de rouge vers quarante ans, et donnent tous les soirs sur leurs canapés dix démentis à leurs principes religieux, en fait de naturel et de vérité. Seulement, comme l'apprêt et la fausseté de M. de Maulévrier n'étaient ni l'apprêt ni la fausseté des autres, il paraissait fort affecté à cette société affectée qui lui reprochait sans cérémonie d'être fat, ce mot compromis par les sots, mais que les gens d'esprit relèvent. Certes, si l'on entend par fatuité une excellente et imperturbable bonne opinion de soi-même qui faisait rarement l'hypocrite, M. de Maulévrier méritait un peu ce nom terrible que les femmes appliquent d'une façon presque imprécatoire à l'homme qui ne met pas toute sa gloire à les aimer, et dont la vanité n'est pas la très humble servante de la leur. Cette bonne opinion, quand on l'a, se montre surtout dans les relations du monde avec les femmes, par l'emploi d'une politesse froide et réservée, bien éloignée des câlineries et des vertèbres de serpent qu'il fallait avoir autrefois, quand c'était un honneur de recevoir, comme le maréchal de Bassompierre, six mille lettres d'amour écrites par des mains différentes. Alors la fatuité consistait en une magnifique impudence qui disait les choses haut et net, faisait la roue sous tous les lustres, et gardait fièrement après rupture le portrait de toutes ses maîtresses pour orner sa petite maison. Aujourd'hui, la fatuité ne ressemble plus à tout cela; elle n'est plus de l'impertinence dans le mot qu'on dit, mais dans le silence qu'on garde. Elle ne conquiert plus, elle attend. Elle est nonchalante comme Cléopâtre. Elle ne fait plus de sièges, elle en soutient. Dans notre temps, les hommes véritablement fats et d'une certaine valeur de vanité sociale, ne font plus la moindre avance aux femmes, mais se renferment avec elles dans un bégueulisme dégoûté et convenable tout ensemble, qui est du plus majestueux effet. A cette heure, Richelieu ne se recommencerait pas sans un immense ridicule. Les Richelieu de notre âge portent des jupons : ils sont femmes. Si autrefois un homme ne se comptait que par le nombre de femmes écrites sur sa liste, les femmes d'aujourd'hui ne se comptent que par l'hécatombe de sots cotés en amoureux sur leurs chastes albums, et c'est ainsi que d'un siècle à l'autre les rôles ont été intervertis.

Cette idée sur les femmes et leur destination actuelle appartenait à M. de Maulévrier, et devait influer sur sa conduite. Jusque-là, du moins, elle y avait influé. Comme les *coups de foudre* n'existent pas pour les fils de ceux qui ont vu la révolution française, M. de Maulévrier, tout en retournant chez Mme de Gesvres, tout en s'imprégnant de plus en plus de la beauté et de l'esprit de cette femme, ne cessa de conserver les habitudes sous l'empire desquelles il était toujours demeuré. Il gardait sa pose éternelle d'homme du monde élégant, courtois, quoiqu'un peu railleur, mais après tout irréprochable. Malgré ces dehors introublés, M. de Maulévrier sentait cependant chaque soir davantage que cette belle créature, cette reine de causeuse et de canapé, exerçait sur lui une puissance que nulle femme n'avait exercée, même dans le temps qu'il était plus jeune et qu'il festonnait des romans en action sur les patrons de ceux qu'il lisait. Comment fallait-il appeler cette puissance? Était-ce de l'amour? A coup sûr, c'était de l'amour à son aurore; car l'amour commence par une admiration naïve ou cachée, la préoccupation incessante, beaucoup de désirs et un peu d'espoir. Or l'espoir de ce fat de Maulévrier était immense, et la vanité d'avoir pour conquête, dans les chroniques de la médisance parisienne, une femme d'un esprit et d'une beauté de si haut parage, faisait terriblement flamber ses désirs.

Quant à elle, elle sentait un intérêt nouveau se glisser dans sa vie, et ce n'était pas seulement l'intérêt de l'intérêt qu'on inspire, ce n'était pas seulement celui d'un de ces *commencements sans la fin*, qui pour elle n'avaient été que trop nombreux. C'était quelque chose de plus fort et de mieux accueilli. Elle espérait que si cet intérêt grandissait et devenait de l'amour, il emporterait l'apathique ennui dans lequel trempait sa vie depuis si longtemps. Elle avait vu M. de Maulévrier à travers les larmes de Mme d'Anglure : c'était quand elle ne le connaissait pas; maintenant elle trouvait que la tête allait fort bien à l'auréole, et que tant de larmes avaient eu raison de couler; mais comme, hors ces larmes, celle qui les versait n'était qu'une faible tête après tout, Mme de Gesvres s'apitoyait fort sur ce que ce pauvre Maulévrier n'avait pas trouvé en Mme d'Anglure la femme qui convenait à ce qu'il avait de distingué dans l'esprit et peut-être d'exigeant dans le cœur. Ainsi, pour elle, comme pour tous, Maulévrier devait être un homme à passion romanesque et profonde. Il passait pour passionné comme il passait pour supérieur, sans avoir jamais fait pour cela que se donner la peine de naître et d'avoir des yeux noirs assez beaux.

Dans ces dispositions mutuelles l'une vis-à-vis de l'autre, ils ne tardèrent pas à vivre sur ce pied d'intimité qui précède les aveux et les autorise entre gens qui ne sont plus des enfants, et qui sont libres de disposer de leurs sentiments et de leurs heures. Le mari de Mme de Gesvres ne bougeait de Russie, et quant à l'esclavage de M. de Maulévrier et à son amour pour Mme d'Anglure, tous les jours cette chaîne et cet amour allaient diminuant. Comme celle-ci vivait tranquillement à la campagne, croyant à l'antipathie de son amant pour son amie, et à un amour qui depuis un temps immémorial ne lui renvoyait qu'une seule lettre pour une douzaine, ils avaient toute facilité pour s'adorer et pour se le dire. Quoique ce fût à Paris, rue Royale, et dans un boudoir qui n'avait jamais été un désert, ils pouvaient cependant se créer une solitude aussi grande que celle de Juan et d'Haïdée aux bords des mers méditerranéennes.

Malheureusement, le Juan était un gentilhomme accompli qui savait son Byron par cœur, et qui avait passé sa jeunesse à faire une épouvantable consommation de gants blancs et à réfléchir sur la vie, les deux seules ressources qui nous soient restées, à nous autres jeunes gens qui n'avons pas vu Napoléon; et la Haïdée était, ma foi, d'une beauté aussi grande que Haïdée elle-même, mais ni si jeune, ni si naïve, ni si divinement ignorante, ni si prédisposée à l'amour. La prédisposition de Mme de Gesvres était celle de toutes les femmes très spirituelles des sociétés avancées, l'ennui d'être et l'horrible peur de vieillir pour rien.

Grâce donc à ce misérable ennui et à cette terreur prévoyante, grâce aussi peut-être à l'immense convoitise qui saisit toute femme quand il s'agit de souffler l'amant et d'escamoter le bonheur d'une autre, Mme de Gesvres résolut de remplacer Mme d'Anglure et de faire sauter, à force de manèges, toutes ces hautes convenances dans lesquelles se drapait M. de Maulévrier. « Il est parfait de manières, » se disait-elle; mais elle voulait voir ces manières oubliées un jour dans l'égarement de la passion. Jamais elle ne sentirait mieux sa puissance que quand cet homme si mesuré, et d'une si froide élégance qu'elle ressemblait presque à du dédain, se permettrait toutes les audaces à ses pieds et n'y craindrait plus toutes les bassesses. Pour l'y amener, elle dépensait chaque soir un esprit de démon et des façons syrénéennes. C'était une bataille désespérée qu'elle livrait; elle ne s'illusionnait pas sur l'empire qu'une femme commence à perdre à trente ans avec un homme de l'âge et du monde de M. de Maulévrier. Elle était fausse avec lui, quoiqu'elle ne songeât qu'à le rendre heureux et à être heureuse comme lui par un amour vrai. Elle était fausse, parce qu'elle voulait lui inspirer une passion dont elle eût ressenti l'influence, et qu'il faut mentir aux passions pour les exciter. De tous les mensonges avec lesquels on attise l'amour, elle répétait sur tous les tons, d'une voix qui semblait émue, celui avec lequel les femmes savent donner le vertige aux plus inébranlables cerveaux : « Je ne voudrais pour rien vous aimer ! Ce serait là le plus grand malheur de ma vie ».

Cette manière d'être ne pouvait pas manquer d'agir très vivement sur M. de Maulévrier. Il n'avait jamais eu affaire à si forte partie ; il n'avait jamais connu que des femmes plus ou moins charmantes, mais plus ou moins vulgaires, malgré leur ramage d'oiseau bien appris et la distinction de leurs révérences. Mme d'Anglure, qui avait pris possession officielle de sa personne depuis deux ans, avait une tendresse d'âme incomparable, mais cette tendresse naïve manquait d'adresse ; mal irréparable, car il faudrait que les anges du ciel eux-mêmes, s'ils couraient les salons de Paris, eussent la rouerie de leurs plus divins sentiments. M. de Maulévrier, qui, dans toutes ses liaisons, n'avait jamais rencontré personne de la volée de Mme de Gesvres, se sentait outrageusement asservi. Il rattachait ce masque de fat, qui est souvent un masque de fer, quand entr'ouvert par elle, dans leurs longs tête-à-tête, elle plongeait dessous le regard de la femme qui cherche si elle est aimée. L'aimait-il ? Il le croyait, du moins ; mais, homme du monde, frotté de civilisation parisienne, il croyait dans les intérêts de son amour de le cacher sous des airs de superbe désinvolture. La vanité faisait en lui tort à l'amour.

En elle, au contraire, la vanité aurait servi l'amour, si l'amour eût pu exister. Elle se montait la tête pour qu'il existât; mais cela suffisait-il?

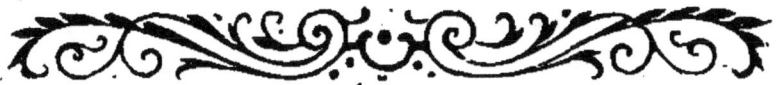

IV

LE PORTRAIT

Quoiqu'elle ne donnât plus de fêtes officielles et que, dans le langage absolu des salons, la marquise ne vît plus *personne*, elle recevait pourtant tous les soirs. C'étaient quelques femmes restées du monde plus qu'elle, et qui venaient voir dans le Sainte-Hélène de son boudoir de satin jonquille, cette beauté napoléonne qu'elles avaient peur d'en voir sortir, et qui n'avait pas eu de Waterloo. C'étaient encore les hommes les plus élégants de Paris, héroïques chevaliers de la fidélité à la beauté des femmes, que l'éclat jeté par celle de Mme de Gesvres attirait toujours. — Dans ces réunions de hasard, les uns s'en allaient, après un bonsoir bien vite dit entre deux actes des Italiens, et les autres restaient à causer, s'ils pouvaient, car Mme de Gesvres coupait les vivres aux sots ;

on ne jouait pas chez elle, et il n'y avait point de piano, deux grandes ressources de moins pour les gens nuls. Comme elle riait un peu du talent d'artiste qu'étalent à présent la plupart des femmes, elle aimait à prendre au trébuchet d'un salon sans piano toutes les Grisi aristocratiques qui ont besoin d'un morceau des *Puritains* pour dire quelque chose. — C'étaient ordinairement les hommes qui restaient. Quoiqu'elle fût irrégulière, et que tantôt elle fût vive et tantôt triste, séparant toujours ce que Mme de Staël unissait, les hommes estimaient, sans bien s'en rendre compte, cette droiture de sens, cette supériorité vraie qui éclatait souvent à travers les mines de l'enfant gâté, de la despote dépravée par les flatteries, de la chatte câline qui faisait gros dos avec des épaules d'une incomparable volupté. Ils causaient là librement et de tout. Un détail, du reste, qui peindra ces soirées, c'est qu'au lieu du thé on prenait du punch. Quand on avait bien causé, on s'en allait pour revenir le lendemain; cour assidue, mais sans favoris, et qu'après bien des espérances trompées, bien des fatuités en défaut, on avait pris le parti de faire à la marquise, sans ambition, sans arrière-pensée, sans prétendre à rien qu'à la faveur de baiser une main splendide de contour et de blancheur, qu'elle tendait à tous avec une grâce royale, et qu'elle appelait religieusement *sa patène*.

Un soir, le dernier des habitués du salon de

la marquise venait de partir ; les mots par lesquels elle l'avait congédié s'étaient perdus dans un de ces éclats de rire comme il en vibrait parfois sur ses lèvres capricieuses ; elle restait seule avec M. de Maulévrier. Elle était assise ou plutôt couchée sur sa causeuse. Lui était assis sur le divan en face, de l'autre côté de la cheminée, à la place où il l'avait regardée tout le soir se livrer aux diverses impressions d'une femme mobile que la conversation entraîne. Parfois, de la sultane plongée dans les coussins de sa causeuse, étalant richement l'ampleur d'une beauté à réveiller le Turc le plus engourdi, il levait les yeux jusqu'à un portrait placé au-dessus de la causeuse, un portrait de Bérangère de Gesvres à une époque déjà éloignée. Elle avait dix-huit ans dans ce portrait, des bras rosés et puissants de santé et de jeunesse, un voile rejeté bizarrement autour de la tête, et un regard perdu et contrastant par sa mélancolie avec l'étincellement de la vie dans le reste de sa personne. Le fond du portrait représentait un ciel orageux. Rien n'était idéal comme tout cela. Maulévrier cherchait comment cette tête de jeune fille, que les Italiens auraient caractérisée par le mot charmant de *vaghezza*, avait pu devenir cette autre tête, d'un sourire si net, d'un regard si spirituel, d'un caractère si positif, même quand elle cherchait le plus à l'adoucir, habile comédienne, mais heureusement impuissante.

— Vous regardez ce portrait ? — dit-elle, lisant dans sa pensée ; — vous ne trouvez donc pas qu'il ressemble ?

— Non, — répondit-il, regardant toujours.

— Eh bien ! cela a été frappant, — reprit-elle. — Mais alors je n'avais pas souffert ; j'étais jeune encore plus de cœur que d'années. Tous ceux qui m'ont connue à cette époque, MM. de Montluc, par exemple, vous diront que ce portrait était frappant.

— Pourquoi, — dit Maulévrier avec une curiosité intéressée, voilée sous un de ces airs à sentiment que les hommes d'esprit les plus moqueurs peuvent se permettre quand on n'est que deux dans une chambre ; — pourquoi ne m'avez-vous jamais confié que vous avez souffert ?

En effet, elle ne le lui avait pas dit depuis les quelques semaines qu'ils se connaissaient. C'était étonnant, mais l'occasion ne s'était pas présentée d'improviser une de ces sonates de musique allemande qu'elle ne manquait jamais d'exécuter sur les peines du cœur et les ravages de la jeunesse. J'ai averti que c'était là une de ses coquetteries sérieuses. Elle avait souffert, il est vrai, puisqu'elle avait aimé un homme indigne d'elle, mais elle avait souffert dans les conditions de sa nature, avec la froideur des sens, la mobilité de l'imagination et l'intelligence qui pousse au mépris. C'était beaucoup moins souffrir qu'elle ne l'affectait.

M. de Maulévrier se leva et vint s'asseoir à côté d'elle, comme s'il eût voulu constater, en s'approchant, par quel endroit de la cuirasse avait pénétré la blessure dont elle se plaignait. Il pensait que les cœurs qui ont aimé sont incorrigibles, et il se sentait un grand espoir.

— Vous croyez donc — reprit-elle avec un accent de reproche dont il fut complétement la dupe — que j'ai toujours été ce que je suis ? Le monde dit de moi que je suis une coquette, et il y a du vrai dans ce jugement ; mais si je le suis devenue, à qui la faute, si ce n'est à ceux qui m'ont flétri le cœur ? Les hommes valent-ils l'amour qu'on a pour eux ? Si vous m'aviez connue dans ma jeunesse, avant que j'eusse aimé et souffert, vous ne croiriez plus que ce portrait est une fantaisie d'artiste, une exagération, un mensonge. Je vivais à Grenoble alors, et j'étais une jeune fille rêveuse, passionnée, romanesque, mais si timide, qu'on m'avait donné le nom de *la Sauvage du Dauphiné*.

Le mot de sauvage sur des lèvres si parfaitement apprivoisées, fit sourire M. de Maulévrier.

— Vous êtes comme les autres, — continua-t-elle en remarquant son sourire, — vous ne me croyez qu'à moitié. Je vous le pardonne, du reste, car le changement a été si profond qu'il est bien permis de ne pas comprendre que la physionomie de mon portrait m'ait appartenu autrefois.

— Et croyez-vous donc avoir perdu à ce changement, madame ? — fit Maulévrier avec une galanterie pleine de vérité, car malgré les trente ans terribles et la perte de cette vague et ravissante physionomie qui est la curiosité de l'avenir dans les jeunes filles, il la trouvait plus belle que dans son portrait. M. de Maulévrier n'était, Dieu merci, ni un poète, ni un peintre, et, d'ailleurs, nous vivons à une époque où l'air idéal est la visée commune, et où les plus intrépides valseuses jouent à la madone avec leurs cheveux en bandeaux. M. de Maulévrier était un peu blasé sur ce genre de figures mises à la mode par une certaine rénovation littéraire et de beaux-arts. Il aimait mieux que toute ces langueurs hypocrites ou passionnées la physionomie de Mme de Gesvres, physionomie toujours nette et perçante quand elle ne faisait pas la chatte-mitte, ce qui, du reste, le cas échéant, n'était pas de l'idéalité davantage.

— Si je le crois ! — répondit-elle. — Oui, très certainement, je le crois. Quand je compare ce que j'étais à ce que je suis, je me déplais maintenant.

— Mais, pour moi, c'est tout le contraire, — reprit vivement M. de Maulévrier. — Vous me plairiez bien moins si vous vous plaisiez davantage, si vous ressembliez davantage à votre portrait.

— Et qu'en savez-vous ? — interrompit-elle. —

Vous me dites là des galanteries indignes d'un homme comme vous, monsieur de Maulévrier ; je ne dois point vous plaire, puisque vous êtes amoureux.

— Mais ceci est terriblement absolu, — fit Maulévrier. — En fait de femmes, je n'ai jamais été ultramontain, et je ne crois point à la suprématie du pape.

— Raillez, monsieur, tant qu'il vous plaira, — dit Mme de Gesvres ; — la suprématie de la femme aimée doit être si grande qu'elle rende impossible toute appréciation des autres femmes. Nulle ne doit vous plaire. Avoir du goût pour une femme est pour cette femme une insolence ; mais pour celle que vous aimez, c'est une horrible infidélité.

Et quand elle fut sur ce chapitre, elle ne le quitta plus. Elle alla jusqu'au bout et fut sublime. Elle développa une thèse d'amour transcendental. Elle le fit prodigieux, africain, chimérique ; en dehors de tout ce qu'on sait et de tout ce qu'on fait à Paris ; maintenant hardiment que tout ce qui n'était pas cet amour exclusif, absorbant, immense, ne méritait pas le nom d'amour. Elle insulta les pauvres jeunes gens qui se ruinent en chevaux, en équipages, en mémoires de tailleurs, pour se faire distinguer des anges qu'ils adorent ; elle fut impitoyable envers ses cavaliers servants, à elle, ces *patiti* exercés à plier ses châles, à lui apporter les brochures nouvelles, des coupons de loges, et qui, discrètement soupirants, se morfondaient dans la pratique de l'amour pur. Elle fut magnifique de dédain ; elle eut le génie de l'absurdité. Bref, en langage de journaliste, elle improvisa le plus beau *puff* que l'on eût vu depuis longtemps.

— Si c'est un défi qu'elle me donne — pensa Maulévrier — je ne ramasserai pas le gant. C'est du roman que tout ce qu'elle chante là, du roman moderne, comme la bonne compagnie n'en fait pas.

— Si j'éprouvais — dit-il tout haut — un amour semblable à celui que vous venez de peindre, avouez, madame, que vous vous moqueriez un peu de moi.

Et c'était vrai. Mme de Gesvres ne pouvait pas en convenir ; elle n'en convenait jamais ; mais c'était vrai pourtant. Le bon sens qui se trouvait nativement en elle, et qui se trouvait fort à son insu le côté supérieur de son genre d'esprit ; l'instinct du ridicule, prodigieusement développé chez toutes les femmes du monde comme elle ; tout l'eût fait cruellement accueillir un amour comme celui dont elle avait bâti la théorie. S'il y avait des Desdemona au dix-neuvième siècle, n'auraient-elles pas la moquerie parisienne pour se défendre d'Othello ? Mon Dieu, la marquise de Gesvres le savait de reste ! On disait qu'elle avait un jour voulu connaître ce que devait être la passion d'un artiste, d'un de ces hommes dont l'âme est profonde, et qui ont un rayon de feu sur le front et la barbe en pointe. Si les mauvaises langues disaient vrai, sans doute elle avait mis toutes ses avances sur le compte de cette grande chose toute moderne, inventée pour sauver de l'hypocrite honte de bien des chutes, le magnétisme du regard. Avait-elle joué pendant quelques mois — tout en se livrant — à la Lélia, avec cet homme mi-partie de duperie et de charlatanisme, mais dans lequel, comme dans tous les autres artistes ses confrères, la duperie ne manquait pas de dominer ? M. de Maulévrier ne pouvait pas continuer un pareil rôle près de Mme de Gesvres. L'eût-il pu, il n'aurait pas, aux yeux de cette femme qui avait trempé ses lèvres à toutes les coupes, et qui les en avait retirées purifiées par un dégoût sublime, échappé au ridicule qui l'attendait.

V

L'AVEU

Quoique M. de Maulévrier n'acceptât pas le programme de Mme de Gesvres sur la manière dont elle prétendait être aimée, il sentait pourtant, à de certains frémissements qui passaient en lui près de cette femme, et au poids de préoccupations qui le suivaient quand il n'y était plus, qu'il aurait pu remplir quelques conditions de ce terrible programme, l'utopie des imaginations du siècle. Rien ne ressemblant plus à l'amour dans les hommes que les désirs que l'on fait attendre, M. de Maulévrier croyait à la grandeur de son amour par la grandeur de ses impatiences. Seulement, ce soi-disant amour n'avait ni rêveries, ni larmes, ni désespoir, ni tous les mouvements des âmes jeunes et tendres. C'était un amour d'homme de vingt-six ans, d'homme d'esprit, d'homme du monde qui a beaucoup vu, beaucoup senti, et qui s'est aussi beaucoup moqué. C'était un amour qui ne jetait pas la vie hors du droit commun, et qui n'en était pas moins très réel, très impérieux, et pouvait devenir très amer.

Or un pareil amour se prenant à une femme comme la marquise de Gesvres, âme sauvée par la froideur des sens et la mobilité de l'esprit de l'éclat funeste des passions, un pareil amour avait bien des difficultés à vaincre. Sur ce point, malgré sa fatuité, M. de Maulévrier ne s'illusionnait pas. Tous les jours il faisait des découvertes dans le caractère de la marquise, et ces découvertes l'accablaient. Ce qui le soutenait, c'est qu'elle était ennuyée, et que l'ennui est peut-être chez les femmes le besoin d'avoir de l'amour. Mais cette femme ennuyée, qui n'avait pas comme lui de ces ardents désirs qu'il ne faut pas calomnier, avait comme lui l'esprit qui juge et qui trouve je ne sais quelle affectation secrète dans l'expression de tous les sentiments un peu vifs. Il était donc presque impossible d'agir sur cette tête trop saine pour ne pas être rebelle à l'enthousiasme, et certainement il aurait désespéré d'un tel résultat, si ce qui se brise le dernier chez un homme, la vanité, ne l'avait pas induit à persévérer.

Ce qu'il savait de la marquise fut la cause du silence qu'il continua longtemps encore de garder sur les sentiments qu'il avait pour elle. Il s'imaginait qu'avec une femme qui, à toutes les époques de sa vie, avait vu la terre à ses genoux, rester debout serait d'un effet favorable et paraîtrait du moins distingué. Sachant combien la contradiction exaspère les natures féminines, il alla quelquefois jusqu'à nier à la fierté persane de cette Bérangère, dont la beauté ne rencontrait pas plus d'indifférents que de rivales, qu'il pût jamais l'aimer d'amour. Elle, à qui l'on n'avait jamais dit de telles impertinences, n'y croyait pas et lui soutenait, au contraire, qu'il était déjà amoureux d'elle aux trois quarts. Alors il s'engageait entre eux de ces débats, gracieux et légers dans la forme, qui plaisaient à l'un et à l'autre parce qu'ils appartenaient l'un et l'autre à une société où la grâce consiste à jouer avec ce qu'il y a de plus sérieux dans les sentiments et dans la pensée.

Mais ce manège, sur le succès duquel M. de Maulévrier avait trop compté, et qui aurait réussi avec la plupart des femmes que le monde traite en souveraines, échoua contre Mme de Gesvres. Échoua-t-il contre son indolence ou contre sa sagacité ? Vit-elle clair sous ces déclarations mensongères et peu aimables que lui jetait incessamment Maulévrier ? On ne sait, mais toujours est-il qu'elle le laissa fort tranquillement se fatiguer des petites faussetés qu'il avait d'abord cru habiles. D'honneur, elle aurait mérité de porter dans ses armes la devise des Ravenswood.

Elle *attendit* le moment de la revanche avec une patience orgueilleuse, et il ne manqua pas d'arriver. Ce pauvre Maulévrier se sentait pris par la famine, faute de demander ce que peut-être on ne lui refuserait pas. Aussi, après avoir caracolé, pour l'honneur des armes, sur les limites d'une galanterie que sa vanité d'homme gâté par l'amour aveugle d'une maîtresse esclave ne devait pas franchir d'un bond, il s'attacha enfin au courageux parti de sortir d'un sigisbéisme chevaleresque qui, avec cette damnée marquise, aurait pu durer sans profit jusqu'à la consommation des siècles. Il saisit l'occasion qu'elle lui offrait tous les soirs dans leurs longs tête-à-tête sur la même causeuse, pour lui dire très positivement ce qu'elle n'aurait peut-être pas voulu comprendre s'il s'en fût tenu à la lettre morte des cajoleries innocentes. Comme, depuis quelques jours, Bérangère, très contente au fond du trouble qu'elle causait à un homme de l'aplomb de M. de Maulévrier, redoublait de beauté par l'intérêt qu'avaient pour elle, si ennuyée d'ordinaire, des relations qui pourraient plus tard passionner sa vie, Maulévrier n'eut pas de peine à oublier ses idées un peu sultanesques sur les femmes, et à parler avec beaucoup de facilité et d'entraînement un langage bien plus suppliant qu'orgueilleux. Le désir contenu depuis longtemps et stimulé ce soir-là par tout ce que la supériorité en coquetterie de Mme de Gesvres put inventer de plus décevant et de plus traître, le désir enflamma et acéra sa parole. Il fut pressant et éloquent. Avec la joie qu'inspirait à Mme de Gesvres cette volte-face de langage, une autre qu'elle eût trahi ce qu'elle éprouvait. Mais elle, chez qui les sens demeuraient toujours harmonieusement et imperturbablement tranquilles, écouta avec une grâce très peu émue la rhétorique de Maulévrier, comme si c'eût été un conte arabe.

Pendant qu'il parlait, elle plissait sur son genou son mouchoir brodé. Quand il eut fini sa tirade, elle en secoua tous les plis avec un geste de l'impertinence la plus dégagée, et se retournant de trois quarts vers M. de Maulévrier, dont les lèvres touchaient presque cette belle épaule, brisée autrefois par la colère d'un homme :

— Ah ! vous m'aimez ? — fit-elle. — Mais ma pauvre amie, Mme d'Anglure, que deviendrait-elle, si elle savait cela ?

Voilà comme elle le paya de ses frais d'éloquence. Ce simple mot fit reculer de six pouces au moins les lèvres qui allaient se poser sur la belle épaule qu'on ne leur tendait pas. Le nom de Mme d'Anglure, de cette femme aimée si longtemps et qui, depuis quelques jours, n'avait pas plus préoccupé M. de Maulévrier que si elle n'eût jamais existé, lui causa un douloureux étonnement. Pour être un homme et un homme amoureux, on n'est pas un monstre, et le premier mouvement de Maulévrier fut fort bon. Le second fut aussi ce qu'il dut être. N'était-ce pas de surmonter une impression de nature à affaiblir l'effet de l'aveu qu'il venait de risquer? Il n'y avait point à reculer. Il est des moments dans la vie où, pour baiser le bas d'une jupe, on passerait sur le corps des femmes qu'on adorait hier avec le plus d'idolâtrie. Maulévrier marcha donc hardiment dans le sens de la pente qui l'entraînait. Il jura à Mme de Gesvres qu'il n'aimait plus Mme d'Anglure, et c'était vrai. Mais ce qu'il jura bientôt aussi, sans se soucier de l'inconséquence de ce second serment après le premier, c'est qu'il ne l'avait jamais aimée, c'est que les circonstances avaient fait seules une liaison qu'il eût rompue cent fois sans l'affection dévouée de Mme d'Anglure, et que, malgré cette affection dont il avait été reconnaissant, Mme d'Anglure l'avait toujours épouvantablement ennuyé. Ceci était faux et effroyable. Mais, hélas! c'était un homme d'esprit qui parlait à une femme spirituelle d'une liaison de trois ans avec une femme jugée médiocre ; mais c'était un homme amoureux qui parlait à la femme qu'il aimait ; et quoi de plus dépravant que la femme qu'on aime ? Du reste, en insultant si menteusement son passé, M. de Maulévrier ne fut pas le seul coupable. Mme de Gesvres le poussa à cela avec une adresse et une volupté infinies. Elle prit les airs d'une inconsolable pitié en parlant de cette pauvre petite Mme d'Anglure, qui était bien la meilleure des créatures humaines, mais qui ne devait pas être fort amusante dans l'intimité. Elle entraîna Maulévrier à lui fournir des détails qui pussent justifier cette opinion. Séduit par les câlineries soudaines de la voix qui le questionnait, Maulévrier n'eut pas honte de soulever les voiles qui devraient toujours rester baissés quand on n'aime plus, par respect pour ce qu'on aima. Il se rapprocha de la belle épaule que, dans l'électricité de ces confidences, il sentit frémir plus d'une fois contre la sienne. Ce fut de la part de cet homme, enivré du contact de celle à qui il sacrifiait jusqu'à la mémoire d'un amour éteint, une complète apostasie. Elle savourait, en souriant suavement, tous les reniements qu'elle lui dictait. Elle lui désignait tous ses souvenirs un à un pour qu'il marchât et crachât dessus, et pour qu'il s'en vantât après comme ce matelot dans *Candide*, qui se vante fièrement d'avoir marché trois fois sur le crucifix au Japon. Elle éprouvait la plus délicieuse sensation que pût éprouver une femme, et surtout une femme comme elle. Elle se moquait gaiement, finement, mais implacablement, avec un langage hypocrite et léger qui ne lui donnait aucun tort extérieur vis-à-vis de cette chère amie, qu'on allait délaisser pour elle. En vérité, ce lui fut une charmante soirée ; aussi se laissa-t-elle plus d'une fois baiser l'épaule avec tout l'abandon de l'amour.

VI

LES DERNIÈRES COQUETTERIES

A dater de ce moment, si ce fut une méprise, elle fut complète. M. de Maulévrier crut être aimé de Mme de Gesvres, et dès lors il se mit à agir avec l'assurance qu'une telle persuasion doit donner. Seulement, à tout ce qu'il inventait de passionné, à tout ce qu'il lui adressait de tendre, la railleuse marquise répondait en agitant ses belles boucles brunes sur ses joues pâles avec l'air de l'incrédulité la plus positive, et en lui rappelant le langage qu'il avait parlé pendant si longtemps. Elle aussi, comme on voit, avait changé le sien. Elle faisait expier ainsi à M. de Maulévrier tous les petits mensonges qu'il s'était permis; mais il faut bien le dire, la pénitence n'allait pas plus loin que cet air d'incrédulité. Maulévrier pouvait très bien penser que c'était là une de ces délicates comédies prolongées dans les intérêts du dénoûment, comme en jouent souvent les femmes expertes en bonheur; car, excepté cette sourde oreille de haute chasteté, cette retenue de robe montante seulement dans le langage, tout ce qu'osait M. de Maulévrier dans les détails du tête-à-tête ne rencontrait pas une résistance, et Dieu sait si la contemplation était dans les allures de son génie! Bérangère de Gesvres était beaucoup trop marquise pour avoir, au moindre transport de l'homme dont elle avait, en résumé, accepté l'hommage, puisqu'elle le recevait tous les soirs, de ces soulèvements de pudeur effarouchée qu'ont les femmes de mauvais ton qui se croient vertueuses, de ces désordres qu'à leur rougeur on prendrait presque pour des désirs. Elle n'avait point la prétention d'être un ange, et cependant elle eût mieux justifié, à certains égards, une telle prétention que beaucoup de femmes, à la tournure en fuseau, posées éternellement en vignettes de poésies modernes : vaporeuses créatures qui boivent quatorze verres de vin de Sauterne après souper, et se vermillonnent quand les doigts d'un homme ont pressé leur main à travers un gant. Elle n'était point de cette race d'êtres éthérés et d'une moralité si supérieure, mais c'était une femme que l'horreur de tout ce qui n'était pas gracieux préservait. Elle ne voulait donc pas faire tort aux enivrantes séductions de sa pose en se défendant contre les témérités de la caresse. L'aristocratie de sa nature avait l'épouvante et le dégoût d'une lutte quelconque. Aussi son amant buvait-il à longs traits dans la coupe d'opale de ses épaules la cruelle ivresse des bonheurs non partagés — un grand délire qui finit par une grande angoisse ; — tandis que sous l'impression de tous les égarements qu'elle faisait naître, là où les autres femmes se livrent ou se refusent d'ordinaire, elle restait toujours élégante, toujours convenable, toujours marquise. C'était réellement un abîme de glace, mais un abîme qui donnait le vertige. Après cela, comment n'eût-elle pas pardonné à ceux que le vertige entraînait?

D'ailleurs, convenons-en sans hypocrisie à l'honneur de la pureté des femmes très belles, souvent on les croit sous l'empire des émotions les plus troublantes, qu'elles n'éprouvent que la très immatérielle jouissance, de la vue des transports qu'elles excitent. Mme de Gesvres l'éprouvait peut-être ; peut-être aussi, elle qui avait sur l'amour de ces idées qui avaient effrayé Maulévrier dès l'abord, voulait-elle grandir l'amour de cet homme jusqu'à l'ineffable et incroyable idéal devant lequel il s'était cabré, un certain soir? Si bien éprise que soit une femme, il n'en est point qui ne cherche à augmenter par tous les moyens possibles la passion qu'elle a inspirée. C'est le machiavélisme des cœurs les plus tendres. C'est aussi la seule explication qu'il y ait de ces résistances de lionne, sous prétexte de vertu, dans des organisations si bien combinées pour la défaite; résistance dont la pensée ne viendrait jamais aux filles d'Ève, si elles n'avaient appris de mesdames leurs mères « que se donner, c'est diminuer l'amour. »

Cette vieille tradition, si bien justifiée par l'expérience, cette inébranlable notion du cathéchisme des petites filles, semblait être la limite que Mme de Gesvres opposait à M. de Maulévrier. L'orgueil de cette femme était donc ici en défaut; cet orgueil titanique de la beauté la plus célèbre de son temps, et qui lui faisait souvent dire, avec le plus somptueux de ses regards, que les femmes qui valaient quelque chose devaient attacher par leurs faveurs mêmes, n'osait pas risquer les hasards de la plus grande de toutes, en l'accordant. Certes, ni son passé ni sa réputation ne l'accusaient d'être cruelle, et il était, d'un autre côté, après tout ce qu'elle avait autorisé en ne le défendant pas, impossible à M. de Maulévrier de penser tout bas ce que disait tout haut le roi Henri III d'une des princesses de la maison de Lorraine, qui lui avait assez impertinemment résisté. Le mot de l'énigme était donc dans la tête ou dans le cœur de cette femme, mais pas ailleurs! C'est en vain que M. de Maulévrier se rappelait tout ce qu'il avait lu sur les femmes et observé lui-même sur le vif. Comme, en somme, les observations d'un dandy ne sont pas fort nombreuses, et ses lectures encore moins, il ne trouvait rien dans le rare trésor de ses connaissances qui pût lui expliquer l'étrange conduite de la marquise. Alors, malgré sa haine du commun, il était obligé de se rejeter aux idées vulgaires de coquetterie, le refuge des hommes quand ils ne comprennent plus rien au manège des femmes. Et encore, se disait-il, — car il s'était mis à raisonner depuis peu, — de la coquetterie qui n'agit plus vis-à-vis *des autres*, de la coquetterie en tête-à-tête, c'est de l'amour, et si c'est de l'amour, — ajoutait-il, enchanté de sa découverte, — pourquoi pas toutes les conséquences de l'amour? A tout prendre, c'était là un raisonnement assez juste; seulement, il était aussi stupide pour le cas présent que le fameux *to be or not to be* de l'écolâtre de Shakespeare, car la logique ne pouvait pas plus expliquer Mme de Gesvres qu'elle n'expliquait, dans la bouche de ce damoiseau d'Hamlet, et ce monde-ci et l'autre monde, — s'il en faut absolument deux. Je l'ai dit plus haut, Mme de Gesvres, quoique femme, avait un bon sens rare chez les hommes; et que sa vie de coquette n'avait pu fausser. Mais quand il s'agissait de sentiments ou de sensations, le bon sens se voilait tout à coup, la queue du serpent menait la tête, et cette femme, d'un coup d'œil si étendu et d'un discernement si sûr, devenait l'inconséquence en personne. Ce n'était plus alors qu'une de ces créatures de vif-argent qui nichent des essaims de caprices dans les plis de leurs jupes; elle les secouait, les caprices pleuvaient. Elle accordait ceci ou refusait cela. Pourquoi? Qui le savait! Les femmes qui lui ressemblent le savent-elles? Dieu lui-même, au jour de sa justice, n'aura pas le courage de leur demander compte du bien ou du mal qu'elles auront fait.

Du reste, quand elle accordait le plus, jamais un aveu, jamais un mot d'abandon ou de tendresse ne tombait de ces lèvres charmantes qui n'étaient pas inaccessibles.

Elle avait pour système de ne point faire de réponse aux questions dont l'amour a soif.

Elle conservait et savait varier à l'infini les gentillesses de sa moquerie du premier jour, quand Maulévrier lui apprit qu'il l'aimait presque d'une aussi folle manière qu'elle avait envie d'être aimée. Hélas! il se payait comme il pouvait de ses abaissements, en enlaçant ses bras avides autour de ces genoux qui restaient strictement unis, autour de ces flancs immobiles, comme autour de l'autel d'airain de quelque divinité inexorable.

Elle, tranquillement assise, le regardait, pâle et frémissant à ses pieds, avec ce regard attentif (son regard vrai et son plus beau) qu'elle avait toujours quand elle éprouvait l'intérêt de quelque chose, et elle restait longtemps ainsi, souriante comme la Grâce, silencieuse comme l'Ironie, mais peut-être aussi comme le Bonheur.

Elle avait cette beauté qui passionne (et étonne un peu dans les femmes) d'un secret admirablement gardé, tout cela accompagné de ces familiarités adorables dont les femmes bien nées ont seules la mesure, et qui retiendraient un homme à leurs pieds, en dépit des plus implacables rigueurs.

Les hommes les plus positifs eux-mêmes se laissent prendre à ces riens charmants, dont on enveloppe mielleusement toutes les froideurs et tous les refus. M. de Maulévrier en était éternellement victime. Elle lui aurait fait trouver bons les régals les plus amers. Elle lui eût fait aimer les soufflets.

Cet homme appelé fat par les femmes, ce fier Sicambre de salon ployait la tête, mais ce n'était pas, comme le barbare, sous une colombe descendant du ciel : Mme de Gesvres ne méritait point une si douce image. Elle allait parfois jusqu'à l'atrocité avec son amant.

C'étaient des négations si positives, si peu justifiées; c'étaient des refus si nets, qu'il fallait être ensorcelé de cette femme pour retourner briser ses questions aux mêmes réponses. Sûre de la grâce qu'elle déployait dans la forme quand elle disait une maussaderie dans le fond, elle avait une manière inattendue, originale, de vous donner son coup de poignard, et on lui pardonnait l'assassinat. Je n'en citerai qu'un exemple :

C'était, dans le cours de cette histoire, un des

derniers soirs où elle employa avec M. de Maulévrier les fascinations de cette coquetterie fabuleuse qui allait expirer pour faire place à ce que le monde lui avait laissé de noble et de bon ; ils étaient à leur place habituelle, sur cette causeuse où ils ne causaient plus, sur cette causeuse, hélas! complice de bien des rapprochements dangereux.

M. de Maulévrier avait glissé son bras autour de ce divin corsage, qui contrastait par sa puissance avec les élégances un peu étiolées de notre âge, avec ces tailles d'épi tremblant ou de guêpe, d'une insaisissable volupté. Il rabâchait, Maulévrier; mais l'amour est un rabâchage, et, d'ailleurs, elle le forçait bien aux redites; il était ardent et suppliant comme peut-être il ne l'avait jamais été.

Au lieu de l'écouter, au lieu d'être émue, comme une enfant ou comme une chatte elle s'empara, par un mouvement plein d'insouciance et de taquinerie, d'un petit portefeuille d'ivoire sculpté que Maulévrier portait toujours et dont elle avait senti, à travers le vêtement, les pointes d'acier aiguës et blessantes. C'était un ravissant bijou que ce portefeuille. Il avait été donné à M. de Maulévrier par Mme d'Anglure, mélancolique souvenir de l'amour absent et fidèle! Elle l'ouvrit, et après en avoir tourné curieusement les feuilles blanches encore et parfumées, elle (qui écrivait d'ordinaire des billets du matin à peine lisibles) traça dans sa main et les coudes en l'air, avec une netteté et une fermeté admirables, de la pointe du léger crayon que les suppliantes caresses de M. de Maulévrier ne firent point trembler, le mot *jamais*, qu'elle lui montra avec une malice triomphante.

A la réponse, n'est-il pas facile de deviner ce que cet enragé de Maulévrier demandait?

Ce grand mot de jamais, elle l'avait déjà dit, et il n'y avait pas cru, amoureux et fat tout ensemble! Elle l'avait dit et, mon Dieu! toutes le disent et le répètent jusqu'à ce qu'elles... ne le disent plus.

Seulement, nulle d'elles peut-être, comme la marquise, n'eût songé à l'écrire, ce mot, dans un pareil moment d'un tête-à-tête, et cela d'une main aussi libre et aussi sûre que si elle avait écrit le temps qu'il faisait à Paris, à son mari toujours à la suite de l'ambassadeur de Russie.

VII

L'INTIMITÉ

CEPENDANT les choses ne pouvaient pas durer ainsi plus longtemps. L'amour, si grand qu'il soit, ne change pas les habitudes de toute la vie, du moins à Paris.

M. de Maulévrier était un homme du monde, et l'homme du monde se révoltait un peu quand l'amoureux se courbait si bien. Ces révoltes avaient lieu surtout quand M. de Maulévrier s'éloignait de Mme de Gesvres.

Quoiqu'il fût terriblement cousu à sa jupe, quoiqu'il l'accompagnât si fréquemment dans ses promenades du matin, que l'on commençait à parler, parmi les oisifs du bois de Boulogne, de la lune de miel de cette liaison, il y avait pourtant des moments où il fallait quitter cette grande charmeresse qui le lanternait avec ces réserves qu'elle avait l'art et la puissance de lui faire subir.

Dans ces moments-là, comme il se retrouvait plus de calme et qu'il pouvait mieux se juger, il convenait, avec une extrême bonne foi, que sa position vis-à-vis de la marquise ne lui faisait pas un honneur immense; et alors il se mettait à lui écrire des lettres pleines d'une passion vraie, et dans lesquelles il revenait toujours à ce vieux refrain de l'amour, à cette éternelle question, ce *m'aimez-vous?* importun parfois, que le scepticisme des cœurs ardents pose encore, même quand on y a répondu.

Ces lettres étaient réellement très catégoriques; elles poussaient la marquise jusque dans ses derniers retranchements. Il n'y avait plus là de main ou de taille laissée sournoisement pour gage du silence qu'on affectait ou en expiation du rire incrédule dont on arme sa physionomie, traître rire si blessant pour les cœurs bien épris!

Tous ces moyens du *Traité du Prince* des femmes n'étaient plus de mise contre des lettres auxquelles il n'était vraiment pas possible de répondre autrement que par un aveu. C'est pour cela que Mme de Gesvres n'y répondait pas.

M. de Maulévrier avait d'abord pensé que cette répugnance à écrire, dont elle ne donnait pas plus de motifs que de tout le reste, était de la haute prévoyance en usage chez beaucoup de femmes.

— car ces douces et pures colombes ont parfois toute la prudence des serpents qui ont le plus rampé ; — mais il n'avait pu conserver longtemps cette idée, quand il avait entendu si souvent Mme de Gesvres, dans ses jours de gaieté étincelante, tenir aux hommes de son salon le langage de la corruption la plus élégante et la plus audacieuse ; quand il l'avait vue l'accepter, lui, Maulévrier, comme son amant officiel aux yeux du monde, quoique, selon son expérience, ce ne fût pas la peine de se compromettre pour si peu.

Mais, encore une fois, la terre est ronde, et les femmes, comme la Fortune antique, ont, si divines qu'elles soient, un pied sur cette boule qui tourne toujours ! Les choses ne pouvaient donc rester ainsi.

Mme de Gesvres, qui avait désiré, dès l'origine, inspirer à un homme qui lui plaisait plus que tous ceux qu'elle avait l'habitude de voir, un sentiment vrai et digne d'elle, Mme de Gesvres était arrivée avec triomphe au but qu'elle s'était proposé. Pour l'éprouver peut-être, cet esprit altier qui avait tant discuté sa défaite, elle l'avait fait descendre dans les neuf cercles d'une coquetterie infernale, mais il était bien temps qu'elle lui montrât, du moins en perspective, une échappée de ce paradis qu'après tout un ange n'avait jamais gardé avec une épée flamboyante. D'un autre côté, comme il y a toujours un peu de lâcheté dans les meilleurs sentiments d'une femme, peut-être Mme de Gesvres avait-elle compris que jouer plus longtemps au sphinx avec Maulévrier était risquer imprudemment ce qu'elle appelait, avec une hypocrisie mélancolique, sa *dernière conquête.* Ainsi, vanité, compassion secrète, amour, ou du moins le désir de l'amour que M. de Maulévrier lui avait fait retrouver dans l'abîme d'ennui où elle se traînait, tout, jusqu'à la pluie qui se mit à tomber — et qui ne sait l'influence de la pluie et du beau temps sur les résolutions et la moralité des femmes? — tout lui fut une loi d'abandonner une coquetterie qui avait servi, sans nul doute, à cacher des sentiments plus profonds.

Un jour donc que, dans l'impossibilité de sortir, elle n'avait pour toute ressource contre l'ennui, le vrai vampire des femmes du monde, que ses réflexions qui ne savaient pas l'en défendre, et une broderie qui n'avançait pas beaucoup dans ses mains hautaines, elle se mit à tirer les lettres de M. de Maulévrier du mystérieux coffret où elle les avait ensevelies, et où étaient venues s'engloutir dans du satin rose, et sans espérance, tant de lettres d'amour depuis dix années ; sépulcre parfumé dont le temps, hélas! allait bientôt sceller la pierre.

Ces lettres qu'elle relut l'amenèrent tout doucement à la confiance, car voici, quand elle les eut lues, ce qu'elle écrivit :

« Non, je n'ai pas d'amour pour vous, mon ami,
« et pourtant j'ai besoin et désir de vous voir. Je

« suis froide; c'est la vérité, et pourtant vous me
« faites éprouver une émotion inconnue lorsque vous
« brûlez ma froideur sous vos transports. Je n'ai
« jamais été ainsi, même avec la personne que j'ai
« le plus aimée... Il n'y a rien de véritablement in-
« time entre nous, dites-vous : et pourtant j'ai eu
« tout de suite confiance en votre caractère, si ce
« n'est dans votre affection que vous m'avez niée si
« longtemps. Rappelez-vous tout ce que vous m'avez
« dit; jugez si je puis avoir la foi qu'il faudrait
« pour me faire devenir ce que... je ne suis pas
« encore. Si vous tenez à ce changement aussi vé-
« ritablement que vous le dites, ne vous repentez
« pas de m'avoir ouvert votre cœur. La crainte de
« vous voir trop souffrir pourrait seule l'emporter
« sur ma rebelle nature. Si vous saviez comme je
« vous serais reconnaissante de bannir de mon âme
« la défiance qui fait ma réserve ! Trompée, toujours
« trompée, dupe sans cesse, jugeant toujours les au-
« tres d'après ce que j'éprouvais ! Et ne m'accusez
« pas de mensonge; quand j'ai le plus aimé, j'ai
« toujours gardé au fond de mon cœur les expres-
« sions qui eussent pu faire croire à une exagération
« que je redoutais plus que tout au monde. Adieu,
« voilà de la confiance. J'espère que vous ne vous
« plaindrez pas ce soir comme hier de ma réserve.
« Venez, venez, je vous attends.

« BÉRANGÈRE. »

En somme, ce billet était digne de la main qui
l'avait tracé. Soit instinct, soit calcul, Mme de
Gesvres avait exactement mesuré la dose d'espoir

qu'il fallait à M. de Maulévrier pour que, fatigué d'une résistance sans terme, il ne s'en allât pas visiter Florence ou Naples, seule manière de se suicider que les gens de bas étage n'aient pas prise encore aux gens comme il faut! De tels billets, envoyés aux époques critiques d'un amour qu'on redoute de voir expirer, sont de l'élixir de longue vie; c'est du lait d'ânesse pour la phthisie du cœur. Sans doute, ce billet avait toute la séduction du mensonge; mais il était vrai cependant comme s'il n'eût pas dû séduire, vrai comme peut l'être la pensée d'une femme, dont les vérités les plus claires ne peuvent jamais avoir, comme l'on sait, une limpidité parfaite.

Ainsi, que ce fût de l'amour ou non, et qu'importe le mot si l'on a la chose! Mme de Gesvres avouait dans sa lettre qu'un lien l'attachait à M. de Maulévrier, et que jamais la personne qu'elle avait le plus aimée ne lui avait fait éprouver l'émotion qu'il produisait en elle, lui qu'elle n'aimait pas!

Certes, un tel aveu était de nature à faire rayonner dans toutes les splendeurs de l'orgueil cette queue de paon que traîne après soi l'amour de l'homme du monde le plus dévoué, l'amour le plus cygne de candeur et de pureté, au bord des lacs les plus solitaires. Jamais M. de Maulévrier ne s'était aperçu de cette émotion, que la froideur naturelle à la marquise dominait très bien, aveuglé qu'il était lui-même par la sienne; mais rien n'était plus vrai pourtant. Ce qui devait l'être moins, c'était cette défiance dont elle le priait avec une tristesse, pour la première fois si tendre, de l'affranchir, et qu'avec l'inébranlable conscience d'une beauté pareille à la sienne, l'expérience du cœur et la sagacité d'une femme, elle ne pouvait pas conserver.

Mais M. de Maulévrier, à qui elle parlait de défiance et à qui elle avait fait connaître ce sentiment jaloux et cruel en glissant toujours dans ses mains au moment où il croyait la saisir, M. de Maulévrier n'eut pas d'abord, après cette lettre, la joie qu'il aurait dû naturellement éprouver.

Comme, à force de prestiges, elle lui avait faussé le regard, il vit là une coquetterie de plus qu'il ajouta à toutes les autres. Erreur profonde qu'il abjura bientôt quand il la vit garder avec lui une simplicité affectueuse qu'il ne lui connaissait pas encore. Ce fut une transformation pleine de merveilles que le changement qui s'opéra tout à coup dans Mme de Gesvres.

Le duel qui avait duré si longtemps entre elle et l'homme qu'elle avait toujours battu, il est vrai, mais qu'elle avait toujours trouvé prêt à recommencer la bataille, ce grand duel que les lois du monde font de l'amour, cessa enfin. Où ils avaient lutté, ils se reposèrent.

Elle ne se livra pas davantage, mais Maulévrier, la voyant si désarmée, put croire qu'elle était plus à lui. Nulle idée de salon, nul sentiment de vanité ne vinrent jeter leur ombre sur cette phase d'une liaison, qu'à l'origine de pareilles idées, de pareils sentiments avaient malheureusement compliquée; ils vécurent à côté de leurs habitudes.

Leur intimité n'eut ni petites ruses, ni déchirements. Ce fut de l'intimité rare, grave, profonde, où les esprits s'intéressaient l'un par l'autre, où les cœurs cherchaient ardemment à se toucher; de l'intimité qui devrait suffire à la vie d'êtres distingués et intelligents, si la vie n'avait de ces soifs folles qu'une telle intimité n'étanche pas.

« Qu'elle croie en moi et à mon amour, elle qui voudrait si bien y croire, — se disait M. de Maulévrier, — et je touche au bonheur suprême. » Et plein d'espérance depuis la lettre qui avait daté le changement de langage et de façons dans Mme de Gesvres, il cherchait par tous les moyens qui sont à la disposition d'un homme spirituel amoureux, à la convaincre de son amour. Malheureusement, au dix-neuvième siècle, ces moyens ne sont pas en grand nombre. Les dévouements y deviennent de plus en plus impossibles.

Dans leur position à l'un et à l'autre, avec la facilité qu'ils avaient de se voir et le peu de dangers qu'ils couraient à s'aimer, il ne leur restait pour se prouver qu'ils s'aimaient que les expressions de l'amour même, et ces soins incessants, ce culte extérieur dont on entoure l'objet préféré.

Maulévrier prodiguait tout cela, mais à moins qu'il ne se jetât vivant sous les roues du coupé de la marquise, pour lui donner la preuve qu'il lui fallait de son amour, franchement, il ne pouvait pas davantage.

Et Mme de Gesvres finit par le comprendre, ou, du moins, par montrer à M. de Maulévrier qu'elle le comprenait. Fut-ce le bonheur d'être aimée, ou le désir de rendre leur intimité plus profonde en comblant les vœux d'un homme qui méritait bien tout ce qu'une femme comme elle avait donné à d'autres qui ne le valaient pas, fut-ce tout cela qui la poussa à être juste envers M. de Maulévrier, et à répondre à ses protestations brûlantes, comme elle le fit un soir, avec un naturel qui pouvait paraître bien grave pour laisser tomber une chose si charmante :

— Je ne doute *plus* de votre amour, Raimbaud ; maintenant, je vous crois.

M. de Maulévrier a avoué depuis qu'elle l'avait tant accoutumé à son désolant scepticisme, qu'il n'eut pas d'abord tout le bonheur qu'un tel mot devait lui donner. Ils avaient longtemps promené sur le balcon qui dominait le jardin de l'hôtel habité par elle. Il faisait le plus sentimental clair de lune, mais ils n'étaient pas gens à regarder le ciel, comme dans *Corinne :* c'était là le moindre souci de leurs pensées. Ils étaient rentrés dans le boudoir jonquille, et s'étaient assis près de la porte du balcon laissée ouverte, par laquelle arrivaient, dans ce nid tiède et ambré d'une femme élégante, les bouffées pures et fraîches du jasmin et des chèvrefeuilles. On entendait le bruit des voitures qui gagnaient le boulevard de ce côté, et qui, dans l'éloignement et dans la nuit, rappellent si bien les grands murmures d'une mer agitée. Mais ni la nuit, ni les parfums du dehors, ni ces bruits qui ressemblent aux plus beaux qu'il y ait dans la nature, rien de tout cela n'influait sur les dispositions de ces deux enfants d'une civilisation raffinée, de ces deux âmes vieillies au sein d'une société positive et spirituelle, et n'ayant jamais vécu que sous des plafonds.

— Oui, je vous crois, — reprit-elle. — Soyez heureux, si vous le pouvez, d'un pareil aveu ; mais moi, vous le dirai-je, mon ami ? je n'éprouve point à croire que vous m'aimez réellement le bonheur sur lequel j'avais compté. Je ne veux plus vous tromper. J'ai renoncé à toutes ces petites faussetés que nous avons mises d'abord entre nous. Je vous le répète, je suis sûre maintenant que vous m'aimez, Raimbaud ; votre amour me touche, mais j'en suis plus touchée qu'heureuse ; et, vous voyez si je suis franche, je m'en plains à vous.

Maulévrier, qui n'avait jamais vu jusqu'au fond du cœur de cette femme sur le point de se révéler à lui, prit ces tristes mots pour l'exigence d'une âme vive, et le bonheur fier qui commençait à lui soulever le cœur ne fit que s'accroître en l'écoutant. La confiance de l'homme aimé l'égara, et il répondit, comme un dieu qui peut donner le ciel et la terre, la plus épouvantable fatuité.

— Ah! — dit-il — ne vous plaignez pas, Bérangère! Puisque vous croyez à mon amour, toutes les félicités sont possibles. Dès demain, sur ce cœur que vous ne repoussez plus, vous serez vengée de l'attente de ce bonheur qui vous semble tarder aujourd'hui!

— Que vous êtes bien un homme, — fit-elle, en haussant ses splendides épaules avec un mépris de reine offensée, — et que vous voilà bien tous, orgueilleux et grossiers, même les meilleurs! Vous croyez donc qu'il est quelque chose qui puisse remplacer pour une femme le bonheur qu'elle n'a pas trouvé dans la foi même en votre amour?

L'accent qu'elle mit à dire cela fut si vrai, que M. de Maulévrier, tout homme du monde qu'il fût resté, n'osa pas souffler la plus petite des impertinences dont il eût régalé, très certainement, toute autre femme qui, dans un pareil moment, se fût avisée de prendre les airs dédaigneux d'un ange se voilant de ses ailes à l'approche d'une créature inférieure.

Il resta silencieux. Lui sut-elle gré de son silence?

— Raimbaud, — dit-elle, en lui tendant la main avec cette grâce incomparable qui lui subjuguait tous les cœurs, — il faut que je vous fasse une prière. Vous êtes venu chez moi par curiosité; vous y êtes resté par attrait; l'attrait est devenu de l'amour. Jusque-là, c'est bien ; mais qui sait la fin des affections les plus vives ? Mme de Vicq, que vous connaissez, ne voit plus du tout M. de Loménie, et l'on dit qu'ils ont été fous l'un de l'autre. Quoiqu'il arrive de nous, Raimbaud, vous sentez-vous le courage de me promettre que nous ne nous brouillerons jamais ?

C'était mâle et simple tout ensemble ; c'était de l'estime exprimée en dehors de toutes les illusions de l'amour.

Une si noble prière fut un coup de lumière pour M. de Maulévrier. Il comprit tout ce que cette femme, sous des frivolités apparentes, cachait de solide et de bon ; il comprit surtout ce qu'il y avait de flatteur pour lui dans une telle prière.

Elle, qui avait toujours rompu ou dénoué avec ces hommes qu'elle avait aimés quelques jours, devait lui donner le plus grand plaisir d'orgueil que pût ressentir un caractère élevé en lui demandant de rendre éternelles, au nom d'un sentiment plus haut placé que l'amour même, puisqu'il ne tombe pas en ruines comme l'amour, les relations que l'amour avait créées entre eux. Aussi, entraîné, promit-il tout ce qu'elle voulut, et lui fit-il les plus singuliers serments de lui rester à jamais fidèle pour le temps où il ne l'aimerait plus.

— Eh bien ! puisque c'est chose convenue, — dit-elle en respirant longuement, comme si elle eût été débarrassée d'un poids terrible, — je puis à présent tout vous dire. Mon pauvre Raimbaud, je ne vous aime pas.

Elle avait d'abord flatté l'orgueil pour l'enchaîner, puis elle le blessait.

M. de Maulévrier devint pâle encore plus de colère que de douleur, car le malheur des gens d'esprit est de croire qu'on veut les jouer à propos de tout, et les commencements de la liaison de M. de Maulévrier avec Mme de Gesvres fortifiaient en lui cette idée-là.

Mais elle ne lui donna pas le temps de l'interrompre.

— Pas de colère, Raimbaud, — continua-t-elle, — ce serait vainement m'insulter. Ce que je viens de vous demander à l'instant même, ce que vous m'avez promis, vous permettent-ils de me mal juger? Toutes mes coquetteries avec vous sont mortes et enterrées; hélas! je sens que ma dernière illusion s'en va aussi! J'avais cru pouvoir vous aimer; je l'avais désiré, et je sens que je ne puis pas. Je vous le dis; en quoi suis-je coupable? Ah! je suis plus malheureuse que vous!

Écoutez-moi, — ajouta-t-elle avec la pitié intelligente d'une femme qui sait qu'on adoucit les douleurs de l'amour le plus vrai en parlant à nos vanités immortelles; — je ne puis pas vous aimer, vous, et vous êtes cependant l'homme qui m'a d'abord le plus attirée et qui m'ait plu davantage. Vous êtes l'esprit le plus distingué que j'aie jamais rencontré, et, sous les manières les plus séduisantes, le caractère le plus noble et le plus sûr. Vous êtes tout cela, Raimbaud, pour moi et pour les autres ; mais voici ce que vous n'êtes que pour moi. De tous les hommes que j'ai aimés, vous êtes celui qui m'a donné le plus de ces émotions auxquelles ma froideur est rebelle, et vous êtes le seul à qui j'ai fait jamais un pareil aveu. Vous êtes le seul dans le tête-à-tête de qui je ne me suis jamais ennuyée. Vous êtes le seul à qui j'ai dit : nos vies se sont touchées ; quoi qu'il arrive, engageons-nous tous les deux à ne les séparer jamais. Enfin, vous êtes le seul encore à l'amour duquel, avec mon expérience des hommes, je me serais livrée sans peur et sans fausse honte, tant les défiances que j'ai eues longtemps, vous avez su les surmonter et les vaincre. Voilà, Raimbaud, ce que vous m'êtes, et pourtant tout cela n'est pas de l'amour. Je sens toujours en moi le calme effroyable dont j'espérais que vous me feriez sortir. Je voudrais vous être asservie, et je ne le suis pas. Les sacrifices que je vous ferais, je ne vous les ferais que comme à un ami qu'on estime, sans entraînement, sans ivresse. Il y a des soirs où vous me plaisez extrêmement dans la causerie ; mais à quoi plaisez-vous en moi ? C'est à mon esprit ; et je ne sens pas, comme quand on aime, le contre-coup de ce plaisir me troubler le cœur. Vous n'êtes pas pour moi l'intérêt passionné que j'attendais et dans lequel je voulais perdre l'ennui terrible de ma vie. Moi qui ai aimé, — et des hommes que vous auriez raison de mépriser, Raimbaud, — je ne puis me méprendre à ce qui est ou n'est pas de l'amour... Vous en êtes digne, et moi, qui le reconnais, je n'en saurais éprouver pour vous. Ah! mon ami, pour qu'il en soit ainsi, il faut qu'il n'y ait plus rien en moi de vivant, d'ardent et de jeune. Tout est consommé, tout est fini ; je m'agite encore, je me monte la tête, mais c'est inutile. Je retombe dans l'horrible sensation de mon néant. Vous, qui m'aimez, votre position vaut mieux que la mienne ; je suis plus à plaindre que vous !

Et elle se mit la tête dans ses mains en achevant ces paroles désespérées qui tuèrent la colère de M. de Maulévrier et l'éclairèrent tout à coup sur le compte de celle qui venait de les prononcer. Ivre de pitié à son tour, il crut qu'elle pleurait ainsi penchée, et il se mit à genoux devant elle, écartant les mains du front qu'elles couvraient. Mais elle ne pleurait pas. Ses yeux étaient désolés sans larmes. Ils tombèrent sombres dans ceux de son amant, avec ce vague sourire des douleurs profondes et surmontées.

— Levez-vous, — fit-elle avant qu'il pût exprimer un des mille sentiments qui l'agitaient ; — j'entends Laurette. — Et Laurette, qui ouvrait effectivement la première porte du boudoir, parut sur le seuil de la seconde, et annonça Mme d'Anglure.

Ce nom leur causa un tressaillement à tous les deux.

Mme d'Anglure, revenue si brusquement de la campagne, où elle était pour longtemps encore, et apparaissant tout à coup, à une pareille heure, chez la femme qui avait pris son amant et chez qui elle allait le rencontrer... c'était étrange.

— Faites entrer, — dit la marquise avec sa grâce nonchalante et comme s'il s'était agi d'un de ses habitués les plus fidèles.

Et la comtesse d'Anglure entra.

FIN DE LA PREMIÈRE PARTIE.

DEUXIÈME PARTIE

I

LA COMTESSE D'ANGLURE

CAROLINE de Vaux-Cernay, comtesse d'Anglure par mariage, était une des plus jeunes et des plus riches maîtresses de maison qu'il y eût alors dans la haute société de Paris. Élevée en province, au fond de la Picardie, par une vieille tante qui l'avait mariée au comte d'Anglure avant qu'elle eût atteint sa seizième année, elle avait consolé la bonne compagnie de la grande éclipse de Mme de Gesvres, en ouvrant son salon presque à la même heure où la marquise fermait le sien. On trouva chez la comtesse d'Anglure la même élégance, le même goût et à peu près le même monde que chez Mme de Gesvres; seulement, celle qui faisait les honneurs de ce salon ne ressemblait en rien à Bérangère. Elle n'en avait ni la beauté mate et arrêtée, ni la coquetterie toujours sous les armes, ni cette parole brillante et hardie qui faisait croire, bien à tort, que la marquise était méchante à tous les poltrons qui ont peur des esprits, mais qui donnait aux cerveaux de ceux qui en ont, l'excitation fécondante sans laquelle on ne saurait causer avec plaisir et avec entrain. Non, Mme d'Anglure n'avait rien de tout cela. Mais pour ceux qui prosternent tout devant l'inexprimable magie de la jeunesse, le changement consolait de la perte, et l'on pouvait sans ingratitude stupide se dispenser d'avoir des regrets.

Que l'on se figure en effet tout ce que les peintres ont jamais inventé de plus printanier et de plus suave pour donner une idée de la jeunesse, et, l'on n'aura qu'une faible image de ce qu'était Caroline d'Anglure quand elle arriva à Paris. Toutes les femmes de seize ans ont l'air jeune; mais ce qui attirait si vivement en elle n'était point cette floraison fugitive, cet entr'ouvrement mystérieux de rose blanche qui, sous la force de la vie, déchire l'enveloppe de son bouton, et qui s'épanouit au front de toutes les virginités pubères ; c'était quelque chose de plus fraîchement idéal encore, quelque chose de supérieur à la beauté même, rayon impalpable et divin qui se jouait autour de cette forme déliée, mignonne et blanche, que le comte d'Anglure avait prise un matin *dans sa mante*, comme dit la chanson espagnole, et avait apportée, comme une difficulté à vaincre, aux plus habiles couturières de Paris. Rien, de fait, ne dut être plus difficile que d'habiller Caroline. La délicatesse inouïe de toute sa personne alourdissait les plus légers tissus, comme la lumière nacrée de son teint en éteignait les couleurs. Jusqu'aux fleurs pesaient sur ce front candide. Elle eût rappelé les filles d'Ossian, ces belles rêveuses couchées, sans les faire plier, sur des nuages, si une fraîcheur aussi exquise que la sienne avait pu durer deux jours sans se faner dans les brouillards.

Ce genre de beauté parfaitement inconnu à Paris, où les jeunes filles naissent flétries et épuisent ces nombreuses nuances de jaune qu'Haller seul put exprimer par dix-huit mots distincts, en allemand, eut un succès fou, le succès du rare et de l'étrange, le grand succès chez les sociétés avancées qui sont arrivées au bout de tous les ordres de sensations. Les femmes qui eurent la douleur de le voir et de le constater, sourirent en prévoyant combien serait court un triomphe dû à des qualités plus fragiles que la beauté même. A leurs yeux, sceptiques pour tout ce qui n'est pas leur miroir, Caroline d'Anglure était à peine jolie : ce n'était qu'une blonde bien blanche ; mais toutes les blondes ne le sont-elles pas ? Comme les artistes, qui, plus francs ou plus sensibles aux effets de la couleur, étaient fanatiques de l'éclat limpide et doux qu'épandait la fraîcheur pâle de la comtesse, elles ne voyaient pas que tout en cette adorable enfant s'arrêtait timidement à la nuance, depuis le rose indécis de la bouche jusqu'aux larges prunelles gris de perle de ses beaux yeux, depuis les reflets bronzés de ses cheveux tordus sur sa tête jusqu'aux gouttes d'or fluide dans lesquelles l'extrémité de ses longues paupières semblait avoir été trempée par la main légère du caprice. S'imaginant sans doute qu'il n'y a point de mois de mai aux bougies, les imprudentes approchaient, sans trembler, leurs épaules céruséennes des touffes de lys irisées et diaphanes qui s'épanouissaient au corsage de Caroline comme aux bords d'un charmant vase antique, tout svelte et tout pur, et elles ne manquaient jamais de se dire entre elles, quand la comtesse arrivait quelque part : — Ne trouvez-vous pas que la *grande* fraîcheur de Mme d'Anglure se passe un peu ?

Du reste, elles avaient décidé souverainement qu'elle avait l'air bête, et vraiment la pauvre Caroline, qui avait été élevée à la campagne, ou plutôt qui n'avait pas été élevée du tout, ne pouvait guère mettre dans sa physionomie de ces effrayants airs de tout comprendre et de pouvoir tout exprimer qu'ont les femmes de cet admirable siècle, si profondément intelligent. Quand le comte d'Anglure l'épousa, elle n'avait fait que lire son office de la Vierge et cultiver des résédas ; et quand il la conduisit dans le monde, ce qu'elle y vit et y entendit n'éveilla point en elle ces facultés dont les prodigieux développements, chez les autres femmes, menacent, si cela continue, de devenir un véritable fléau. Elle n'eut aucune des affectations modernes. Lamartine l'ennuyait sincèrement, et sa loge était souvent vide les jours que Rubini chantait. Elle se contentait d'être le je ne sais quoi de joli, de rond, de gracieux et de parfumé qu'est une femme qui reste femme, — la seule chose que, dans leurs ambitions effrénées, elles oublient de vouloir être maintenant.

Mais si les excellentes amies de la comtesse travaillèrent à lui faire une superbe réputation de sottise et d'ignorance, il leur fallut toutefois reconnaître que cette petite et insignifiante personne n'était pourtant ni gauche, ni timide, et qu'elle faisait les honneurs de chez elle avec aussi peu d'étonnement que si toute sa vie s'était passée dans ce monde où elle arrivait. Cette jeune fille d'hier avait l'àplomb du nom qu'elle portait. Elle qui n'avait jamais vu que quelques curés de campagne et quelques gentilshommes chasseurs, vieux et bruyants amis de sa tante, Mlle Thécla de Vaux-Cernay, elle avait les manières simples, la voix, l'accent, la phrase brisée, la politesse relevée et quelquefois familière de la femme essentiellement comme il faut, qualités morales de la noblesse de sang et de race qui font se ressembler, malgré les différences d'éducation, la femme la plus répandue et celle qui n'a jamais quitté la tourelle de son château de province. A peine Caroline eut-elle fait faire ses robes chez Palmyre, qu'elle eut l'air aussi comtesse que les femmes chez qui elle allait au faubourg Saint-Germain. On sentait soudainement, en voyant ces femmes vieillies sur les parquets de ces salons et cette petite mariée qui n'y avait jusque-là jamais posé la pointe de son pied, qu'elles étaient providentiellement écloses pour remplir le même rôle social, et qu'elles étaient égales entre elles par les traditions du berceau.

Cela seul empêcha peut-être qu'elle ne succombât, comme femme à la mode, sous la réputation d'affreuse bêtise qu'on s'amusa à lui tailler à facettes, car ce fut par ce mot cruel et forcé qu'on traduisit la plus ineffablement charmante absence d'esprit qui fut jamais. Cette imprescriptible noblesse qu'elle avait dans l'accent et dans la physionomie quand elle disait de ces riens qui étaient, hélas! toute sa conversation (l'*hélas!* était la charité ordinaire des femmes qui lui trouvaient la peau trop blanche), cette noblesse originelle la sauvait de l'espèce de ridicule qu'il y a en France, le pays, comme l'on sait, le plus spirituel de la terre, à manquer de tout ce que le monde a, et où les femmes, surtout, se placent à une si grande hauteur, que pour deux mots à leur dire sur leur bonne grâce ou celle de leur robe, on est obligé de subir une conversation si spirituelle, si *mille fleurs d'Italie*, qu'une bonne migraine en est toujours le résultat.

Fut-ce le contraste plein d'imprévu qu'il y avait entre cette enfant, que l'instinct du monde et son aristocratie naturelle empêchaient d'être une Agnès mais qui n'avait dans sa jolie tête rien qu ressemblât à une pensée sur quoi que ce soit, et les femmes distinguées qui en ont sur toute, une immensité ; fut-ce ce contraste, ou seulement l'alliciant parfum de la plus exquise jeunesse en fleur, qui lui livra et lui retint tous les hommages ? Parmi ceux qui lui furent offerts, si elle voulut en agréer quelques-uns, ce ne fut point son mari qui l'en empêcha. Son mari, homme élégant d'ailleurs, l'avait moins épousée pour elle-même que pour cimenter des relations qu existaient de fort longue date entre les Vaux-Cernay et les d'Anglure ; il fut probablement décidé aussi par la beauté de cette blanche personne qui promettait à ses enfants un sang si pur. Et comment n'eût-il pas plongé sa lèvre avec un certain frémissement dans l'écume légère et savoureuse de ce sorbet virginal ? Mais peut-être le trouva-t-il un peu froid. C'était tout à fait un homme de son temps que Raoul d'Anglure, de ce temps où la vie anglaise, la vie des hommes entre eux, a succédé à ces relations de tous les instants avec les femmes qui donnaient aux hommes d'autrefois cette grâce, hélas! perdue, et qui causait de si grands désordres d'amour. Avec les habitudes qu'on prend si vite dans le laisser-aller de nos mœurs, il n'appartenait réellement pas à Caroline de captiver un homme comme Raoul. Aussi, peu de temps après son mariage, celui-ci donna-t-il à sa femme une liberté qu'elle ne désirait probablement pas. Il la suivit fort rarement dans le monde. Il passait ses journées à courir à cheval et à chasser ; puis, quand il était bien fatigué, il s'en allait clore ses soirées chez une ancienne maîtresse plus âgée que lui, et sur le canapé de laquelle il ne craignait pas de s'étaler avec ses bottes et ses éperons. Là, il trouvait toujours quelques amis, grands amateurs du *va te promener, la honte,* et de l'intimité des hommes qui se mettent au-dessus des apparences et qui les jugent sans soigner la rédaction du jugement. Rien ne vaut, à ce qu'il semble, cette intimité que les délicats traitent de grossière, mais qui n'astreint ni à la repartie ni à la grande tenue, si gênantes pour l'égoïsme de nos jours. Cela est triste à dire, mais cela est. Le mariage lui-même a toujours une certaine pruderie, un certain guindé; ce certain vertugadin de satin blanc qu'on appelle la chasteté; et toutes ces maudites agrafes, si difficiles à faire sauter, expliquent fort bien la préférence qu'on accorde et qu'accordait Raoul d'Anglure à une vieille maîtresse qui suce vos cigares pour les allumer et devant qui on se permet tout sans qu'elle soit choquée de rien, sur une ravissante jeune femme épousée par inclination et digne de tout l'amour des anges, si les hommes ressemblaient à ces derniers un peu davantage.

Quoi qu'il en soit, la comtesse d'Anglure ne s'aperçut guère des négligences de son mari. Elle l'avait épousé sans l'aimer, et la vie extérieure de Paris l'empêcha de regretter la vie intime qu'elle n'avait pas. En vain lui insinuait-on quelquefois avec beaucoup d'art qu'elle ne devait pas être heureuse, elle n'avait pas l'air de comprendre. Elle restait de la plus gracieuse stupidité. Rien n'altérait le blanc plumage de cette peau de cygne que lustraient la santé et la jeunesse, et qui avait les splendeurs bleuâtres du plus pur émail. Nulles larmes ne rosaient — car elles n'eussent pas osé les rougir — ces paupières si lentes à se mouvoir au-dessus de ces beaux orbes d'un gris si tendre qu'ils semblaient sourire en regardant. Aussi les observatrices de salon chez qui elle allait prendre le thé, disaient-elles qu'où l'esprit manquait, les sentiments vifs ou profonds devaient nécessairement manquer aussi. Bel axiome que M. de Maulévrier fit mentir, car il advint que cette petite poupée, qui ne pensait pas et qui, comme la statue de Memnon, ne savait dire que bonjour et bonsoir d'une voix harmonieuse, se prit à aimer M. de Maulévrier avec une intrépide naïveté. Dans ce cœur d'une virginité fabuleuse, éclata tout à coup cette fleur d'un sentiment vrai qui ne fleurit plus guère que tous les cent ans, comme l'aloès, et qui fait moins de bruit. Elle retint l'amour prêt à disparaître de ce monde; elle abrita quelques jours encore ce bel oiseau de paradis que bien des jeunes filles passeront désormais inutilement leur vie à attendre dans ce siècle, où, en fait d'amour, le langage meurt avec l'idée, et où demain peut-être les lettres de Mlle de l'Espinasse seront regardées comme l'expression apocryphe d'un sentiment antédiluvien.

M. de Maulévrier arrivait alors on ne sait d'où, après une absence de plusieurs années. On connaît maintenant le marquis Raimbaud de Maulévrier. Une singulière particularité de sa biographie de cœur, c'est que jusqu'alors il n'avait aimé que les femmes brunes. Les cheveux *feuille morte* de Mme d'Anglure le jetaient toujours dans des rêveries qu'il se reprochait; car il haïssait l'air rêveur. C'était, comme on l'a déjà vu, un oisif comme Raoul d'Anglure, mais un oisif d'une aristocratie plus relevée dans les habitudes de sa vie. Il préférait la société des femmes à celle des hommes, auxquels il adressait rarement la parole;

il ne détestait pas les esclavages de la toilette, et n'eût pas prostitué sa bouche au narghilé même du sultan. Parce qu'il n'aimait pas à courir toute la journée, bride abattue, comme un jockey, on l'accusait d'être un efféminé, et les amis de Raoul l'appelaient en riant Sardanapale. Indépendant, au milieu de Paris, comme le vent dans les bruyères, et ne sentant pas l'affreux besoin d'être riche, il pouvait, si cela lui plaisait, s'engloutir tout vivant dans l'amour d'une femme du monde, ce dévorant passe-temps pour un homme, qui eût anéanti l'âme de Bonaparte lui-même s'il n'avait pas eu le bonheur d'aimer une femme entretenue, à une époque qui était un pêle-mêle social.

Mais les misères du temps présent avaient tué à la mamelle l'ambition de M. de Maulévrier, et son orgueil était moins grand que sa vanité. Aussi, à force de regarder ces cheveux *feuille morte*, et ce cœur d'épaules qui donnait une grâce si tombante à la robe de Mme d'Anglure, il se dévoua encore une fois à ce culte terrible qu'il avait déjà pratiqué, l'adoration d'une femme de naissance et de monde. Seulement, empressons-nous de le dire, Mme d'Anglure sut lui épargner toutes les aspérités auxquelles il s'était déjà si rudement froissé. Elle ne fit aucune des petites mines d'usage avant d'accepter ce qui lui causait tant de plaisir. C'est même de cette époque que la fatuité de Maulévrier devint célèbre ; Caroline en couva et en développa le germe sous son amour. Elle l'aima, avec la virginité de son âme, avec toutes les ignorances de son esprit. Elle l'aima sans songer à autre chose qu'à lui donner le plus grand bonheur possible, sans mesurer les conséquences de la passion qui se saisissait de son avenir, sans avoir le moindre souci de la fragilité des beautés qu'elle lui prodiguait et dont elle trouvait qu'il ne s'emparait jamais assez. Elle qui, par la nature de sa beauté, était destinée à passer si vite, elle n'eut pas peur des dégâts affreux de la caresse, et elle s'exposa à tous les dangers du bonheur. Que voulez-vous ? elle l'aimait comme une femme qui n'a pas dans l'esprit la moindre portée, mais dont la céleste niaiserie est le plus délicieux hasard que Dieu puisse jeter dans la vie d'un homme amoureux !

M. de Maulévrier qui, en fait d'amours de salon, avait, comme il arrive toujours, avalé considérablement de crème fouettée avec plus ou moins de vanille, s'abreuva, pour la première fois, de ce lait chaud, pur et substantiel, d'un sentiment vrai. Il fit même comme les chats gourmands, qui fourrent jusqu'à leurs pattes dans la jatte pour mieux boire : dans l'avidité de son bonheur, il empêcha Mme d'Anglure de se montrer aussi souvent dans le monde ; et il eut tort, car le monde doit être le premier amant d'une femme du monde, et si elle en a jamais un autre, il ne doit venir que bien loin après.

Comme la comtesse aimait M. de Maulévrier avec la soumission de cette Courtisane amoureuse qui mettait le pied de son amant sur son sein nu, comme elle adorait ses moindres caprices, elle aurait fini par ne plus aller chez personne et à vivre follement pour lui seul, si Mme de Gesvres, avec qui elle avait toujours été fort confiante, ne lui eût fait comprendre qu'en agissant ainsi elle s'affichait, et donnait contre elle aux autres femmes des armes dont elles ne manqueraient pas de se servir.

Et l'expérience de la marquise ne l'avait point trompée ; son conseil fut extrêmement utile à Mme d'Anglure. En dépit des nombreuses différences qu'il y avait entre ces deux femmes opposées presque en toutes choses, elles se voyaient assez souvent. Mme d'Anglure allait beaucoup chez Mme de Gesvres. Mme de Gesvres lui avait toujours montré une bienveillance pleine de franchise et d'appui. Jamais elle n'avait partagé les petites jalousies de ces jolies créatures, moitié abeilles et moitié vipères, qui n'oubliaient point, quand il s'agissait de la comtesse, de mettre un peu de venin dans leur miel. Il faut le dire, malgré son costume de coquette, la grande marquise était bien au-dessus de ces misérables sentiments. Belle comme un jour d'Asie, elle admirait naïvement la beauté dans les autres, et toujours elle avait parlé de celle de Mme d'Anglure comme eût fait un homme impartial. Fière d'être belle, elle avait une fierté tranquille, inaccessible à toutes les alarmes. La comtesse d'Anglure, avec qui elle eut l'amabilité des cœurs généreux pour ceux qu'on traite avec injustice, la crut son amie, et vraiment elle l'aurait été, si, comme celle qui l'appelait de ce nom, elle s'était livrée en se liant, ce qui lui était impossible. On l'a déjà vu, le caractère de cette femme était fermé comme les portes de l'enfer. De toutes les grâces qu'elle avait en partage, Dieu ne lui avait pas donné la plus grande, celle de l'abandon. Elle écoutait avec une patience attendrie le récit de l'amour de Mme d'Anglure, mais elle ne rendait pas confidence pour confidence. Elle n'avait aucun des profits de l'amitié, elle n'en avait que la probité sincère, car si, un soir, elle prit plaisir à faire renier à M. de Maulévrier son amour pour Mme d'Anglure, c'est que M. de Maulévrier s'était jeté lui-même dans cette voie de blasphèmes, et qu'aucune femme n'eût résisté à la tentation d'une si enivrante volupté ; et si elle désira parfois être aimée de l'amant de son amie, c'est qu'elle se trouvait bien à plaindre de se voir privée d'un bonheur qui n'était pas chose si rare, sans doute, puisque Mme d'Anglure, qu'elle jugeait de si haut, l'éprouvait, et c'était d'ailleurs bien moins de la femme qu'elle était jalouse que de l'amour.

Cet amour, elle l'avait cru une ressource, une dernière ressource contre l'ennui de sa vie ; mais, puissante à le faire naître, elle s'était trouvée impuissante à le ressentir. Si ses coquetteries avaient rendu M. de Maulévrier infidèle, hélas ! qu'y avait-elle gagné ? Femme chez qui un esprit mûri prenait insensiblement la place d'un cœur qu'un sang brûlant n'avait jamais gonflé, espèce d'âme étrange, mais qui, dans les sociétés comme la nôtre, tend chaque jour à devenir plus commune, sa misère tenait à ses qualités mêmes. Mme d'Anglure, qui avait en tendresse ce qui lui manquait en intelligence, pouvait-elle se douter de cela ?

M. de Maulévrier avait cessé de lui écrire depuis qu'il allait chez Mme de Gesvres. C'en était assez pour qu'un doute affreux s'élevât dans l'âme de la comtesse, et pour qu'elle s'en vînt en poste à Paris, et jusque chez Mme de Gesvres, voir, par ses yeux, si elle était réellement trahie.

II.

PATTE DE VELOURS

QUAND la comtesse d'Anglure entra, Mme de Gesvres se leva et fit quelques pas au-devant d'elle, la main ouverte et la bouche souriante, comme on va au-devant d'une amie trop longtemps absente. Bien loin de repousser cette main qui lui était offerte, Mme d'Anglure la serra comme aux jours de leur amitié la plus tendre. Ni l'une ni l'autre de ces deux femmes ne songeait à faire ce qu'on appelle du drame ; elles étaient de trop bonne compagnie et de leur époque pour copier en miniature cette grande scène de Schiller entre Marie Stuart et Élisabeth d'Angleterre, à propos du comte de Leicester. On est obligé de le reconnaître, pour les gens aux yeux de qui le plus grand péché d'élégance est de mettre ses impressions personnelles à la place des usages reçus, le drame et tout ce qui y ressemble ne saurait guère plus exister, ou s'il existe, ne doit avoir plus d'autre théâtre que la conscience, derrière les paroles et les actes qui servent toujours à le violer. Quels que fussent donc les sentiments de Mme d'Anglure, elle était trop comtesse pour les montrer à sa rivale, et cela en présence de l'amant qu'elle venait presque réclamer. Son émotion ne lui fit pas transgresser ces lois du monde contre lesquelles se révoltent des moralistes de roman, et dont la gloire est de ressembler à ce qu'il y a de plus beau dans la nature humaine, — à la pudeur et à la fierté.

Ainsi tout resta parfaitement convenable entre ces trois personnes dont les sentiments étaient sans doute si agités et si divers. Les deux femmes s'embrassèrent, et après avoir légèrement salué M. de Maulévrier, qui s'était incliné devant elle comme s'ils avaient été étrangers l'un à l'autre, Mme d'Anglure s'assit sur la causeuse de Mme de Gesvres. Joli spectacle que ces deux femmes enfermées dans la courbe gracieuse du meuble consacré aux mollesses et aux intimités de ces créatures languissantes ! On eût dit deux charmantes couleuvres s'enlaçant sur un tapis de fleurs et se caressant de leurs dards sans oser encore se blesser. Alors commença, entrecoupée de petits mots d'amitié et de familiarités ravissantes, une conversation fort insignifiante dans le fond, mais qui, comme dissimulation et souplesse, eût fait certainement beaucoup d'honneur à la barbe grise des plus vieux et des plus rusés diplomates de l'Europe. Mme d'Anglure dit qu'elle s'était si ennuyée à la campagne, auprès de sa belle-mère, qu'elle n'avait pu résister à l'envie de partir. C'était là toute son histoire, et elle la fit en quelques mots, avec une simplicité d'accent à laquelle on se serait volontiers mépris. La marquise lui renvoya la balle dans ce sens, et la conversation, ricochant d'une idée à une autre, dériva bientôt aux élégants commérages des femmes entre elles, quand elles veulent se tenir en dehors de leurs sentiments. Cette conversation, à côté de leur position réciproque, ne dut pas coûter beaucoup à Mme de Gesvres. Elle était calme, puisqu'elle n'aimait pas M. de Maulévrier et qu'elle venait de le lui dire dans le moment même, mais Mme d'Anglure ne l'était pas, et réellement la marquise, qui dédaignait un peu trop peut-être le caractère de son amie, et qui savait qu'avec son amour aveugle pour M. de Maulévrier elle était fort capable de provoquer un éclat, dut s'étonner que la comtesse se jouât si librement, et avec une facilité si animée, dans l'écume légère d'une causerie toute de gaieté et de riens, quand elle devait avoir le cœur dévoré de la plus sombre jalousie. Cette jalousie, que Mme d'Anglure nourrissait depuis plusieurs mois, avait marqué sa trace partout sur les lignes de ce suave visage, délicat comme le velouté des fleurs. Elle était extrêmement changée. L'idéale beauté du teint s'était évanouie. Malgré les ruches qui garnissaient le chapeau lilas qu'elle portait et qui encadraient l'ovale de cette figure, atteint déjà, on voyait que la joue avait perdu sa rondeur voluptueuse, et qu'elle commençait à être envahie par le vermillon âcre et profond que donne la fièvre des passions contenues. Ce rapide et cruel changement frappa d'autant plus la marquise, que la force des sentiments qu'il attestait n'emporta pas une seule fois Mme d'Anglure. Elle demeura aussi désintéressée en apparence dans les mille hasards de la causerie, que si elle n'avait pas étudié la femme avec qui elle joutait de paroles légères et de façons caressantes. Tout en cherchant à deviner ce qu'elle croyait le secret de la marquise, elle ne livra point une seule fois le sien. L'instinct de la conservation, naturel à tous les êtres, l'éleva pendant tout le temps de sa visite au niveau d'une femme d'esprit.

M. de Maulévrier contemplait avec un sentiment douloureux cet étrange spectacle. Il était frappé, comme Mme de Gesvres, du ravage de ces quelques mois sur la beauté qu'il avait aimée ; et comme, si fat qu'il fût, il avait de l'âme autant qu'en ont les hommes parfaitement civilisés, il était épouvanté et attristé en même temps. La mesure que gardait la comtesse l'étonnait bien un peu aussi, mais comme il était mieux exercé à lire que la marquise dans les moindres mouvements de Mme d'Anglure, où la marquise ne voyait que du calme il voyait, lui, à de certains frémissements des lèvres, à de certains éclairs dans le regard, que l'orage grondait et brûlait sous ces menteuses surfaces.

Quoique son aplomb d'homme du monde lui fût venu en aide, et qu'il eût rougi de se montrer moins dégagé que les deux femmes qu'il avait devant lui, dans les allures d'une conversation qui n'exprimait aucun des sentiments réels de qui la faisait, il n'avait pas cependant cette dissimulation aisée, ce charme de mensonge silencieux, ce tact inné avec lequel Mme de Gesvres et Mme d'Anglure évitaient tout ce qui eût pu amener une explosion. En comparaison de ces deux lutteuses, il se trouvait gauche, parce qu'il se sentait contraint, et il était contraint parce qu'il était homme et parce qu'où les femmes passent en se glissant comme des reptiles, les hommes ne se frayent un passage qu'en brisant tout comme des éléphants.

Cette visite de Mme d'Anglure, qui ressemblait à une reconnaissance de la position de l'ennemi, dura presque une heure, une mortelle heure à la pendule de Mme de Gesvres, mais un siècle sans doute au cœur de la malheureuse comtesse qui devait compter les minutes autrement que le bronze inerte et glacé. Dans cette heure de tortures dévorées, la marquise ne donna pas à son ennemie (car la comtesse l'était devenue) le plus petit des avantages. Elle fut de la sérénité la plus désespérante. Elle ne dit pas un mot qui pût faire croire que M. de Maulévrier fût plus pour elle qu'un homme bien né à qui tous les salons étaient naturellement ouverts. Elle n'évita point une seule fois de le regarder et de lui répondre. Elle aurait eu une passion dans le cœur qu'elle n'en aurait jamais eu l'embarras ; mais la passion était absente, et la sagacité de la jalousie, la seule sagacité qu'eût la pauvre petite d'Anglure, fut considérablement désorientée par un naturel si plein de vérité et si bien soutenu. Intérieurement, Mme d'Anglure éprouvait une véritable colère de ce qu'elle croyait une comédie parfaitement jouée. Comédienne elle-même, elle s'irritait d'avoir affaire à une comédienne aussi habile qu'elle ; elle se voyait battue à plate couture, et elle s'en prenait à son peu d'esprit et à celui que dans le monde on donnait à Mme de Gesvres. Son dépit était aussi furieux qu'amer. C'étaient des sensations trop vives pour résister longtemps à leur violence. Aussi, fort heureusement pour elle, l'instinct qui l'avait préservée de toute ouverture imprudente, l'instinct de la femme du monde lui inspira-t-il de s'en aller.

Mais cet instinct eut beau réclamer dans son âme, elle ne put supporter l'idée qu'en s'en allant elle laisserait M. de Maulévrier avec Mme de

Gesvres, et si ce fut une faute que de vouloir arracher son amant à celle qu'elle supposait sa rivale, oui, si ce fut une faute après les dissimulations sublimes qu'elle avait réalisées, elle la commit.

— Adieu, ma chère, — dit-elle à Mme de Gesvres ; — je suis bien heureuse de vous avoir revue. Adieu, je vous quitte, il est tard. Maintenant que me voilà revenue de cette vilaine campagne où je me suis tant ennuyée, nous pourrons nous voir tous les jours.

Et elle se souleva de la causeuse, mais elle y retomba assise avec une négligence adorable, pour renouer un des rubans de son manchon.

— Monsieur de Maulévrier, — dit-elle alors, en nouant gravement le ruban détaché, et avec ce ton que seules les femmes du monde connaissent et qui sauverait l'inconvenance des propositions les plus hasardées, — voulez-vous me donner le bras jusqu'à ma voiture ? et si vous n'avez pas la vôtre, je vous jetterai chez vous en passant ; vous êtes sur mon chemin.

Maulévrier se vit pris sans pouvoir dire non. Il se prépara donc à sortir avec la comtesse. Celle-ci, soulagée des contraintes de la soirée par ce qu'elle venait de décider, tendit encore une fois sa petite main gantée à la marquise qui, peut-être, sentit alors la griffe d'abord si bien cachée, et elle sortit avec un air d'aiglonne qui remporte sa proie à son nid.

— Comme elle l'aime et comme elle est changée ! — fit la marquise de Gesvres restée seule ; et, disant cela, comme elle était debout, son œil se porta sur la glace où elle se vit, elle, toujours belle, ne changeant pas, Astre magnifique, éternel, immuable.

On change, — ajouta-t-elle avec une tristesse amère qui vengeait bien ceux qui l'avaient vainement aimée, — on change parce qu'on aime et qu'on souffre, mais du moins on ne s'ennuie pas !

Et elle se mit, tout en bâillant, à sonner Laurette pour venir la déshabiller.

III

LES FAUSSES CONFIDENCES

Le lendemain les trouva de bonne heure à la place où se passait ce drame sans action extérieure, sans grands bras, sans portes fermées et ouvertes : cette chose simple, réelle, la vie. Après une nuit de convulsions et de larmes de la part de Mme d'Anglure, M. de Maulévrier s'en était revenu à ce fatal boudoir de satin jonquille où un charme cruel le ramenait toujours. A force de mensonges, de fausses caresses et de fleur d'oranger, il avait calmé sa nerveuse maîtresse, et puis il avait pris sa course vers l'hôtel de Gesvres, ne respirant que la marquise, et croyant retrouver sur son front pâli une de ces nobles et tristes impressions de la veille, qui lui avaient paru si touchantes.

Mais, baste! la lune n'était pas si changeante que cette muable femme, et il y eût eu cent années au lieu d'une nuit entre la marquise de la veille et celle du lendemain, que sa physionomie n'aurait pas été plus au rebours de l'espérance de Maulévrier. Le bandeau d'ennuis qui lui ceignait si souvent le front était caché sous les boucles mignardes et crêpées qui allaient si mal au caractère ferme de sa beauté. La femme et toutes ses ondoyances, ses morbidezzes, ses gaietés moqueuses, se remontraient dans cette grande statue, désespérée parfois et silencieuse comme la Niobé antique, et qui, ennuyée de son piédestal comme de toutes choses, en descendait pour jouer et s'agiter auprès comme un enfant. Ce n'était plus qu'une Parisienne piquante, vive et un peu affectée, un vrai type de femme d'esprit, mais d'esprit de femme, tout en pointes d'aiguilles, de malices et de curiosités. Elle attendait Maulévrier avec plus d'impatience qu'à l'ordinaire, et quand elle le vit :

— Eh bien? — fit-elle.

— Eh bien! — répondit M. de Maulévrier, — Caroline sait tout, ou plutôt elle sait plus que tout, car elle croit que nous nous aimons, tandis qu'il n'y a que moi qui vous aime.

— Ah! contez-moi donc ça, — dit-elle, en se tordant sur sa chaise longue dans son peignoir de mousseline rose, et en respirant à pleines narines un délicieux flacon ciselé qu'elle tenait ; — contez, mon ami, — répéta-t-elle avec une incroyable sensualité.

Au mouvement presque libertin de cette chute de reins admirable, on eût dit Léda attendant son cygne et se préparant à la volupté.

Elle lui jeta deux regards à le rendre fou, si lui ne l'avait pas connue, s'il n'avait pas déjà fait l'expérience que ce qui ressemblait à de la passion dans cette femme n'était qu'un élan de l'esprit, et rien de plus.

— Mon Dieu ! — reprit M. de Maulévrier avec une expression capable d'éveiller plus d'un dépit secret dans le cœur énigmatique de la marquise, — mon Dieu ! c'est là une assez triste histoire, et d'autant plus triste qu'elle n'est pas finie, et que je ne prévois guère comme elle finira. L'absence et le soupçon qui en a été la suite ont exaspéré tous les sentiments de Mme d'Anglure. Ces sentiments sont beaucoup plus profonds que je ne pensais. Quelque dévouée qu'elle se soit montrée jusqu'ici, et de quelques douceurs qu'elle ait entouré ma vie, je ne croyais pas, en m'éloignant d'elle, briser tout à fait la sienne. Non, franchement, je ne le croyais pas. Vous savez bien, ma chère Bérangère, que je n'ai pas vos idées sur l'amour. Vous avez une façon de le concevoir qui vous dispense probablement de l'éprouver ; mais moi qui ne suis pas arrivé à vingt-sept ans sans l'avoir connu plus d'une fois, et à qui celui que vous inspirez ne fait pas d'illusion dernière, je ne pensais pas qu'une femme du monde, aussi facilement distraite de ses propres impressions que peut l'être Mme d'Anglure, dût ressentir une de ces passions contre lesquelles tout est impuissant, jusqu'à la fierté. Hier, quand je vous quittai, mon amie, et que je montai dans la voiture de la comtesse, j'espérais qu'une bonne scène allait rompre pour jamais des liens qui me pèsent depuis que je vous aime. J'espérais que l'idée d'être quittée pour vous lui donnerait le courage d'une explication suprême, et qu'aujourd'hui tout serait fini. Mais il n'en a point été ainsi. J'ai vu une de ces douleurs que je ne connaissais pas encore. La nuit s'est passée pour cette femme dans de telles angoisses, que je n'ai pas osé lui avouer que je ne l'aimais plus, et confirmer par là toutes ses jalousies. Je me suis pris de pitié pour cet être faible et misérable dont la destinée reposait sur moi; et quoique mon cœur démentît tout bas en pensant à vous ce que je lui adressais tout haut, je suis enfin parvenu à assoupir la violence de ces malheureux sentiments que je ne partage plus, et sur la force desquels je voudrais vainement m'abuser.

— Pauvre femme! — fit la marquise, arrivée au bout de ses deux jouissances — de parfum respiré et de curiosité satisfaite — et en refermant son flacon avec le bouchon d'or qui le surmontait.

— Oui, pauvre femme! — répéta M. de Maulé

vrier avec un accent de compassion plus sincère. — Elle m'a fait sentir le premier remords que j'aie jamais éprouvé d'une chose aussi simple et aussi involontaire que de cesser d'aimer. En regardant cette tête si jeune et si changée, vous ne sauriez croire à quel point je me reprochais le mal auquel j'avais condamné tant de beauté et de jeunesse.

— Et c'est un fort bon sentiment, — ajouta Mme de Gesvres, — car le mal est grand en effet. Elle, qui était si charmante, n'est plus même jolie. Entre autres jalouses de Caroline, vous aurez rendu Mme de Guénéheuc bien heureuse. Parce qu'elle est d'un blond assez fade, elle s'est toujours crue la rivale en blancheur de Mme d'Anglure. Maintenant la grande fraîcheur de cette pauvre comtesse ne lui rougira plus la sienne de dépit.

Malgré le peu de vivacité et d'amertume que Mme de Gesvres mit à faire cette réflexion toute féminine, M. de Maulévrier y vit-il autre chose que l'impitoyable cruauté du sexe, cette cruauté que l'on retrouve dans la meilleure et la plus désintéressée des femmes quand il s'agit d'une autre femme qu'on a l'air de pleurer devant elle, ce qui est, de fait, fort impertinent ?

Toujours est-il que dans l'impossibilité où l'on est si souvent de rester vrai avec une femme, il se prit à poser comme s'il avait été femme lui-même ; il mit sa main gantée sur l'angle de la cheminée près de laquelle il était assis, puis il appuya son front sur sa main avec un petit air de saule pleureur qui ne manquait pas d'une certaine grâce de mélancolie.

— Vous souffrez, Raimbaud? — fit la marquise avec des yeux où l'attention commençait de renaître. — Eh bien! — et elle veloutait d'une voix attendrie le sarcasme, si c'en était un, — vous n'en êtes que plus intéressant à mes yeux. Vous ne ressemblez pas à ceux qui oublient. La mémoire d'une intimité de deux ans n'est pas abolie en vous par un autre amour...

— Ah! si cet autre amour avait été heureux, — interrompit Maulévrier avec l'ardeur d'un regret inconsolable, — peut-être aujourd'hui, Bérangère, le sentiment dont vous me faites un mérite n'existerait pas. Eh! mon Dieu, c'est de l'égoïsme encore; si l'amour que je perds m'est une si grande perte, c'est surtout parce que vous n'avez pas pu le remplacer!

— Et qui sait, mon ami? — répondit-elle avec calme; — vous n'êtes peut-être pas si détaché de Mme d'Anglure que vous le pensez. On se fait de si profondes illusions sur soi-même! C'est une chose si bizarre que le cœur! Vous m'avez aimée pendant l'absence d'une femme qui vous avait rendu parfaitement heureux pendant deux années, et qui, comme maîtresse, vaut, je le sais, cent fois mieux que moi. Aujourd'hui, voilà que cette femme revient parce qu'elle est jalouse et malheureuse ; elle revient vous offrir le spectacle d'une jeunesse flétrie par vous, d'une beauté ravagée, d'une vie perdue, d'une santé détruite, peut-être, et cela au moment où celle que vous lui avez préférée vous laisse voir l'impossibilité où elle est d'éprouver l'amour comme vous l'auriez désiré. Allez ! cette femme est encore bien puissante. Il n'est pas dit que vous ne vous repreniez pas aux liens dont vous vous plaigniez à l'instant même ; il n'est pas dit que l'impression que je vous ai causée résiste à l'éloquence d'un pareil retour.

— Et, en vérité, je le voudrais presque, — dit Maulévrier avec le petit machiavélisme dont il essayait le succès, et en cherchant à voir clair dans les sensations de la marquise.

— Et moi, — fit-elle en souriant avec une placidité déconcertante, — je vous jure que je le voudrais tout à fait.

Était-ce là une ironie profonde, qui devait peu coûter à cette femme d'un si grand empire sur elle-même ? Malgré les assurances de sincérité qu'elle lui avait données, il était bien permis à M. de Maulévrier d'être légèrement sceptique. Elle était, en somme, la plus distinguée de ces créatures de ténèbres qui n'avaient pas besoin que l'on inventât les éventails pour cacher le laisser-aller de leurs yeux. Elle pouvait donc donner à du dépit la forme d'un désintéressement parfait. D'un autre côté, ce dépit, que M. de Maulévrier avait essayé de faire naître en affectant une tristesse et un désir qu'il ne sentait pas, pouvait venir autant de la vanité que de l'amour.

Mais la vanité est si près de l'amour dans les femmes du monde, tout cela est si divinement pétri et fondu, qu'intéresser l'un ou l'autre amène souvent aux mêmes résultats. Or c'était précisément le résultat dont M. de Maulévrier était avide. Il était arrivé à ce degré de l'amour, dans les êtres qui n'ont pas le *triste* et très peu *fier honneur* d'être poétiques, où la possession la moins délicate paraît la meilleure, et où ce qu'il y a de plus adorable dans l'amour même serait sacrifié brutalement à cette diabolique possession.

Ce jour-là, M. de Maulévrier sortit de chez Mme de Gevres moins lassé et moins désolé qu'à l'ordinaire. Il n'aurait pas pu se vanter, il est vrai, d'avoir entendu murmurer le plus faible dépit dans tout ce que lui avait dit la marquise; mais la possibilité de ce dépit s'était offerte à lui comme une espérance, et il s'affermit dans la résolution d'attaquer par la vanité, endroit toujours mal défendu chez les femmes, cette forteresse imprenable à l'amour; il s'en alla répétant les belles paroles de l'Ecclésiaste.

— Elle ne m'aimera pas davantage, — pensait-il, — mais elle succombera; elle succombera en femme du monde, froidement, élégamment, et dans sa cuirasse, sans qu'une telle façon de si peu se donner nuise à aucune de ses prétentions de cœur éteint. Ce que n'auront pu faire les sentiments tendres, les sentiments égoïstes et jaloux l'auront fait.

Ainsi, comme il arrive toujours, il était démoralisé par la résistance, et l'amour n'était plus à ses yeux que ce contact de deux épidermes auquel le réduisait, sans cérémonie, cet insolent de Champfort.

IV

LE FOND DE L'ABIME

UNE fois bien ancré dans sa résolution, M. de Maulévrier comprit la nécessité de modifier sa vie extérieure. Il ne passa plus ses journées chez Mme de Gesvres, et quand il y alla, il choisit toujours le moment où elle n'était pas seule, le soir, par exemple, cette heure à laquelle elle recevait ceux qui préféraient à l'éclat des fêtes dont elle s'était retirée la libre causerie d'une femme d'esprit. Alors, il la trouvait flanquée de ses cavaliers servants qui servaient sans gages, et qu'elle savait fixer en ne cherchant pas à les retenir, de ses adorateurs fidèles qui, depuis des siècles, s'en venaient chaque soir contempler cette femme mobile, comme Nina contemplait la mer inconstante, et qui s'en retournaient, disant peut-être inutilement comme Nina : Ce sera pour demain. Au milieu de ce petit monde dont elle était le centre et la vie, elle était animée jusqu'au rire, d'une amabilité un peu taquine, et disant sciemment du haut de son bon sens de ces absurdités charmantes qui vont si bien aux lèvres roses, grâces des femmes et des enfants. Quoique, plus malheureuse que Louis XIV, qui avait le bonheur d'aimer et de pleurer, elle fût reine et s'ennuyât, jamais l'ennui, que M. de Maulévrier savait être le fond de son âme, ne se trahissait dans ses paroles ou dans ses regards quand elle était entourée. L'être extérieur reprenait le dessus, et, plus forte que tout le reste, elle n'était plus, dans ces instants, qu'une irréprochable maîtresse de maison.

A aucune époque, elle ne s'était montrée autre chose aux yeux des autres pour M. de Maulévrier. Comme elle n'avait pas l'abandon de ses sentiments, ni mot plus mystérieux ni familiarité plus tendre n'avaient indiqué une de ces préférences sur la nature desquelles il est si facile de se tromper. Cependant, les hommes qui la voyaient, et qu'elle n'écoutait pas, proclamaient, en l'enviant, le bonheur de M. de Maulévrier. Mais ce n'étaient point ses manières avec lui qui leur avaient donné cette idée ; c'était plutôt (après la peur que ce ne fût vrai) l'indépendance hardie qu'elle avait mise à recevoir, malgré les bruits de quelques salons, un homme qui avait la réputation d'être un grand fat et de ne perdre son temps chez personne.

Lorsque cet homme s'éloigna d'elle, les femmes qui faisaient galerie à cette liaison, et qui, lorgnette en main, semblaient en étudier toutes les phases, les femmes s'imaginèrent que le dénoûment qui avait tant tardé était arrivé, et que Mme d'Anglure était fort à propos revenue clore un si fâcheux interrègne. Les hommes les plus attachés à la marquise le crurent aussi de leur côté, et comme ils la visitaient tous les soirs, ils purent admirer le magnifique empire et la désinvolture inouïe avec lesquels Mme de Gesvres pouvait voiler une rupture assez manifeste d'ailleurs. Pour tous ces hommes ferrés en diable sur les convenances du monde, et qui n'avaient jamais compris, comme le cardinal de Retz, que les devoirs extérieurs, la marquise révélait une supériorité très remarquable en restant imperturbablement la même à l'égard de M. de Maulévrier. Le fait est qu'elle ne lui adressa pas la moindre petite observation, qu'on eût pu prendre pour un reproche, sur ses visites plus rares et plus courtes. Quand il ne venait pas, il semblait qu'il n'eût jamais existé pour elle. Quand il venait, elle le recevait avec cette main ouverte, cette hospitalité de sourire et cette étincelle perlée dans le regard, qui disait à tous : Vous voilà, tant mieux ! mais qui ne jaillissait du fait exclusif de la présence de personne.

M. de Maulévrier, qui connaissait la puissance que cette femme glacée exerçait sur elle sans grand combat, ne s'étonnait point de cette conduite. Il savait bien que, dans toutes les hypothèses, elle ne lui donnerait jamais le spectacle de son dépit, et que, pour en saisir la trace et en tirer le parti qu'il espérait, il aurait besoin de toute sa finesse d'observation, de toute la pénétration de son coup d'œil.

Il savait qu'il jouait un jeu hasardeux, difficile, qu'avec des femmes d'une civilisation raffinée l'amour ne ressemble plus guère aux bucoliques des premiers temps.

Du reste, M. de Maulévrier, en allant plus rarement chez Mme de Gesvres, devait rassurer la tendresse alarmée de Mme d'Anglure ; c'était comme une preuve ajoutée à toutes les assurances qu'il lui donnait de son amour, et qu'elle n'acceptait qu'en doutant encore. A dire vrai, sa jalousie eût-elle été cent fois plus inquiète, et cent fois plus grand l'espèce d'effroi que lui causait cette grande marquise, d'une beauté si bien reconnue et d'une coquetterie dont le monde racontait des choses effroyables, elle ne pouvait pourtant ne pas sentir un mouvement de joie et d'orgueil en voyant Maulévrier la préférer, elle que le chagrin avait tant changée, à cette marquise du démon.

Ses amies n'avaient pas manqué de lui apprendre la façon dont M. de Maulévrier avait passé son temps pendant son absence. Mais comme, depuis qu'elle était revenue, ce temps lui était consacré presque aussi exclusivement qu'autrefois, elle pouvait croire, à ce qu'il semblait, que l'ennui d'être éloigné d'elle avait fort innocemment poussé son amant chez Mme de Gesvres.

Une autre, plus spirituelle et plus vaniteuse, eût admis peut-être cette chimérique innocence, mais ce n'était pas l'esprit qui faisait en elle obstacle à cette illusion assez douce, c'était la défiance, naturelle à un sentiment aussi profond que le sien.

Elle souffrait donc toujours de cette inquiétude éternelle qui, une fois excitée dans les cœurs bien épris, n'y périt plus. Elle souffrait, malgré toutes les négations que Maulévrier avait opposées à l'expression, d'abord éplorée, de sa jalousie. Rien n'y faisait; ni cette intimité qu'elle avait retrouvée à peu près telle qu'elle avait existé autrefois, ni l'indifférence que M. de Maulévrier montrait, après tout, pour la marquise. Folle, qui avait raison au fond, elle souffrait contre les apparences; et jusque dans les soins et les familiarités de l'amour même, elle tremblait toujours de l'avoir perdu.

Quant à M. de Maulévrier, il faut lui rendre cette justice qu'il montrait plus de persistance et de courage, pour arriver au but qu'il voulait toucher, que jamais chevalier novice n'en mit à gagner ses éperons. Il fut héroïque, en vérité. Il s'enferma pendant des journées avec une femme qu'il n'aimait plus. Il eut à l'empêcher de pleurer quand l'envie lui en prenait, et cette envie venait souvent.

Il avait à assoupir de fort légitimes défiances dans le narcotisme des phrases sentimentales.

Lui, dont elle avait fait un sultan, et pour qui toute la vie avec elle s'était passée à se coucher sur des coussins de canapé et à se laisser adorer en silence, il avait secoué une nonchalance si superbe et cachait l'immense ennui qu'elle lui causait sous un luxe d'amabilité qu'elle ne lui avait jamais connue, même au temps de leurs plus beaux jours.

Pauvre créature sans esprit, mais dont l'amour était du génie, elle jouissait de cette amabilité sans s'y laisser prendre.

Quand il lui avait bien répété sur tous les tons qu'il n'aimait qu'elle, elle lui disait avec un regard ineffable :

— Tu m'empoisonnes peut-être, mais tu m'enivres, et une telle ivresse est si douce qu'elle fait pardonner le poison.

Mais des mots si poignants n'étaient que du jargon moderne pour M. de Maulévrier, car rien ne donne un mépris plus philosophique pour l'amour et son genre d'éloquence, que celui qu'on ne partage plus et dont on est persécuté. Il restait dans le cœur parfaitement insensible à tout cela.

La seule chose peut-être dont il fût touché,

était le déplorable état de santé de Mme d'Anglure, état de santé qui allait se détériorant de plus en plus.

Maulévrier ne croyait pas que l'on pût mourir d'un sentiment ailleurs que dans les ballades allemandes, mais il pensait que, même à Paris, un sentiment très exigeant et très malheureux pouvait influer sur la santé d'une femme naturellement délicate comme était Mme d'Anglure. Le spectacle qu'il avait sous les yeux, d'ailleurs, ne lui permettait pas d'en douter. Tous les accès de larmes de Mme d'Anglure finissaient par des évanouissements très réels. Quand elle avait parlé avec cet âpre mouvement des personnes dominées par la turbulence de leur propre cœur, une toux déjà ancienne, mais aggravée, lui causait des crachements de sang qu'elle regardait, en pensant que ce sang était versé par sa poitrine, avec le sourire fauve des êtres qui se voient mourir. Ces détails physiques touchaient bien plus Maulévrier que le sentiment qu'elle lui donnait, et dont la prodigieuse énergie avait résisté à l'énervation des salons.

La pitié de l'amant était détruite, mais la pitié qui nous prend tous en voyant périr ce qui est jeune et se flétrir ce qui est beau, la pitié de l'homme restait encore. Pauvre reste, il est vrai, et qui se perdait bientôt dans l'idée fixe qui avait remplacé pour M. de Maulévrier tous les souvenirs de la vie, toutes les préoccupations du cœur.

Eh! comment se fût-il appesanti sur l'idée cruelle de Mme d'Anglure mourant par lui et pour lui, quand il ne pensait qu'à surmonter les résistances de la marquise, quand cette infortunée Mme d'Anglure était un des moyens à l'aide desquels il étayait ses succès futurs ?

Cette pensée d'un succès que Mme de Gesvres lui faisait acheter un tel prix, le soutenait dans sa double épreuve de dissimulation et de mensonge vis-à-vis les deux femmes qu'il avait entrepris de tromper.

Il était enchanté de la sensation que sa conduite avait produite dans le monde, et de ce que les femmes, qui battent l'eau si bien en fait de commérages et qui la font jaillir si loin, recommençassent à tympaniser Mme d'Anglure sur le peu de fierté de ses relations avec un homme dont elle n'ignorait pas les torts. Tout cela servait ses projets à merveille; car enfin il était bien sûr que malgré la distance que Mme de Gesvres avait mise entre son salon et les pandemoniums à la mode, le bruit de cette reprise d'intimité avec une femme qu'on avait jugée *plantée là* ne manquerait pas d'aller jusqu'à ce boudoir de satin jonquille d'où l'amour était exilé, mais où la vanité parisienne, roulée, comme un chat dans sa fourrure, sous les plus habiles artifices, pouvait bien se trouver encore discrètement tapie dans quelque coin.

Et en effet, si cachée qu'elle y fût, il crut enfin

l'avoir découverte et blessée, quand, après plus d'un mois pendant lequel il n'avait fait que de courtes et officielles visites à Mme de Gesvres, il reçut d'elle un gracieux billet où ses prétentions au plus pur désintéressement étaient maintenues, mais où, malgré les hiéroglyphes égyptiens de sa manière, circulait je ne sais quel souffle de moquerie que M. de Maulévrier, à qui les désirs avaient appris les subtilités de l'analyse, se mit à respirer à longs traits :

« Ai-je prophétisé juste, » disait le billet, « mon
« cher Raimbaud? Je vous ai prédit que vous revien-
« driez à Mme d'Anglure, et il n'est bruit que de
« cette grande liaison qu'on disait finie et qui re-
« commence en dépit des méchants propos de ceux
« qui ne croient à l'éternité de rien dans ce triste
« monde. J'ai cru, avant tout, que, si amoureux
« que vous fussiez de moi, vous aviez mille raisons
« de l'être plus encore de Mme d'Anglure, et j'a
« désiré la première que vous le redevinssiez, puis-
« que mon malheureux caractère était incapable de
« vous donner le bonheur auquel on a droit quand
« on sait aimer. Tout ce que j'ai pensé et désiré
« s'est donc accompli, mon cher Raimbaud, et
« pour vous comme pour moi, il vaut mieux qu'il
« en soit ainsi qu'autrement.

« Mais, dites-moi, le bonheur que vous donne
« Mme d'Anglure est donc bien grand et bien nou-
« veau, pour que vous n'alliez plus chez personne
« et pour que vous ayez presque cessé de venir chez
« moi, qui suis, comme vous le savez, votre amie,

« et à qui vous avez juré que, quoi qu'il arrive,
« nous ne nous brouillerons jamais ? On raconte
« que vous vous consacrez à Mme d'Anglure avec
» un abandon de dévouement plus grand encore
« que dans les premiers moments de cette intimité
« qui édifie les cœurs fidèles. Moi, je réponds à
« cela que Mme d'Anglure est souffrante, ce qui
« rehausse le mérite de votre dévouement. Cepen-
« dant, si cette souffrance n'est pas de nature à
« empêcher Mme d'Anglure de sortir, et que ce ne
« soit pas une jalousie (bien aveugle sans doute)
« qui l'éloigne de sa confidente d'autrefois, je vou-
« drais bien l'avoir à dîner avec vous lundi pro-
« chain. Je viens de lui écrire un mot à ce sujet.
« Tâchez de me l'amener, mon cher Raimbaud, car
« je n'entends point séparer, fût-ce pour un mo-
« ment, ceux que Dieu a si bien unis.

« BÉRANGÈRE. »

Faut-il ajouter que la lecture de ce persiflage fit
à M. de Maulévrier un effet pareil à ces soufflets
donnés par Suzanne, qui comblaient de bonheur
Figaro?... Il se crut à la veille du triomphe ! Il se
jura bien que ce dîner auquel l'invitait la marquise, serait comme le dernier coup de canon
qui terminerait un si long siège ! Il alla trouver
Mme d'Anglure, déterminé à la traîner de force à
ce dîner qui lui offrait une si belle occasion de
jeter la marquise, déjà trahie par sa lettre, pensait-il, tout à fait hors d'elle-même. Hélas ! il
n'eut point à en venir à cette extrémité avec la

comtesse. Il n'eut pas même à faire la moindre diplomatie pour l'amener à accepter l'invitation de Mme de Gesvres. Avait-elle une autre volonté que la sienne? N'obéissait-elle pas à tous ses caprices? Et d'ailleurs, elle en qui M. de Maulévrier ne parvenait jamais à maîtriser toutes les inquiétudes, n'avait-elle pas cet affreux besoin des cœurs passionnés de se placer en face de la réalité qui tue, et de rencontrer la désolante certitude qu'elle craignait et qu'elle avait déjà cherchée sans la trouver?

Ils allèrent donc au dîner de Mme de Gesvres. C'était, comme tout ce qui venait de cette femme, d'un goût tout à la fois noble et simple, une piquante réunion des hommes spirituels qui étaient le plus assidus chez elle et des femmes qui laissaient parfois le monde pour y venir. La marquise de Gesvres avait une réputation si bien établie de maîtresse de maison incomparable, que les femmes les plus intelligentes et les plus vouées au culte de la grâce, aimaient à étudier la royale manière avec laquelle elle faisait les honneurs d'un salon dont elle avait diminué l'étendue, et qui ne s'ouvrait plus que pour quelques privilégiés. Ce jour-là, quels que fussent ses sentiments intérieurs — et la pâleur profonde de son teint et une fatigue autour des yeux, qui ne lui était pas ordinaire, semblaient confirmer les idées de M. de Maulévrier — elle se maintint au niveau d'une réputation qui ne pouvait plus grandir. Elle fut gaie, vive, agaçante autant que dans ses jours les plus splendides, et ce ne fut que plus tard et vers la fin de la soirée que, comme une guerrière lasse qui désagrafe sa chlamyde, elle apparut, sinon à tous, du moins à M. de Maulévrier, dans la vérité de son âme, masquée si souvent avec son esprit.

En acceptant l'invitation de la marquise, Mme d'Anglure avait voulu soutenir une lutte contre la terrible rivale qu'elle se supposait. Un reste d'orgueil insensé, comme en ont parfois les femmes qui furent belles et que le désespoir de n'être plus aimées pousse à tout, lui souffla qu'elle était défiée, qu'il fallait combattre de ressources, de beauté, d'artifices, dût-elle pour sa part en mourir. Elle se rejeta avec fureur à toutes les inventions d'une toilette qui devait relever sa beauté dépérie ; elle improvisa en fait de parure un véritable chant du cygne ; mais, aveuglée par l'exaspération de ses sentiments, elle ne vit pas que ses efforts se retournaient contre elle, et que la femme *passée* faisait tache au sein des légers tissus qui se plissaient et ondulaient autour d'un corps à moitié brisé et dont ils cherchaient en vain les contours. Elle mit une robe d'une coupe divine, une de ces robes blanches qui avaient été inventées pour elle dans le temps où elle ne craignait pas la comparaison des mousselines les plus diaphanes avec la finesse et la transparence de sa peau. Crânerie vraiment digne de pitié !

elle, qui n'était plus que touchante, osait ce qui ne sied qu'aux plus belles, tant l'amour auquel elle s'attachait avec la rage des âmes sacrifiées l'empêchait de se voir et de se juger !

Mais, telle qu'elle fût, M. de Maulévrier afficha pour elle, sous les yeux même de la marquise, un sentiment si dominateur, il lui rendit un tel hommage, il l'entoura de soins si tendrement inquiets et si marqués, que bientôt elle perdit ses défiances, et qu'elle sentit un incroyable bonheur lui venir.

Pour la première fois, l'homme du monde oublia que le monde le regardait, et agit avec l'oubli des passions vraies. M. de Maulévrier attira sur lui l'attention.

La comtesse, qui, comme tous les êtres sans puissance de calcul, se livrait aux sensations d'une nature aisément entraînée, perdit peu à peu son air de victime. L'orgueil et l'amour satisfaits lui relevèrent le front, ouvrirent ses lèvres à tous les sourires, et firent flamber ses yeux éteints. Elle devint aimable, de cette amabilité toute en bienveillance qu'ont les femmes qui manquent d'idées et qui sont riches en sentiments. Plus la soirée s'avança, plus cette femme, qui jouissait avec tant de profondeur des préférences publiques de son amant, rayonna du bonheur qui la foudroyait. A force d'expression, elle reconquit presque sa beauté. Mais, par un contraste qui dut frapper à la fin les yeux les moins observateurs, à mesure que les félicités de cœur de Mme d'Anglure ravivaient ses manières et transfiguraient ses traits mornes, la marquise perdait de son animation habituelle, du feu roulant de sa repartie, et jusque de l'éclat fulgurant de sa beauté. On eût dit un singulier déplacement de la vie dans ces deux femmes, et que la chaleur et la flamme passaient de la torche éblouissante au pâle flambeau menacé de mourir.

Avec quel intérêt haletant M. de Maulévrier suivait ce changement dont il était cause, ces distractions d'un esprit toujours si présent ! Pendant qu'il semblait n'être occupé que de Mme d'Anglure, au milieu des groupes du salon et de ces causeries éparpillées qu'elle avait mises en train et pendant quelque temps soutenues, la marquise s'était retirée à l'écart sur un canapé, où nulle femme ne se trouvait alors. Elle était là, pâle et sombre sous les larges bandes de velours d'un pourpre foncé qu'elle avait nouées dans ses cheveux, le sourire vague, les poses appesanties, l'air passionné et, par rareté, presque idéal !

Certes, ceux qui la virent dans cette attitude et avec cette physionomie, durent y lire une influence de l'amour montré à Mme d'Anglure par M. de Maulévrier. Il est évident que l'accablement la prenait, cette forte femme ; qu'elle était à bout, qu'elle n'en pouvait plus ! Le regard de Mme d'Anglure, qui la fixait de l'autre extrémité du salon, ne s'y trompa pas. Ce regard doux et humide se sécha, et devint tout à coup implacablement moqueur. M. de Maulévrier, qui le surprit, se retourna avec une joie vers celle à qui il était adressé, comprenant, sans doute, que l'instinct de la femme jalouse et triomphante en savait encore plus que lui, et lui garantissait la défaite qu'il attendait depuis si longtemps.

Sûr des tortures morales de la marquise, lues par lui dans ce regard de panthère parti comme l'éclair de ces suaves prunelles de velours gris, il se leva transporté, interrompant sa phrase commencée à Mme d'Anglure, pensant qu'enfin la marquise avait trouvé le fond de l'abîme, et qu'elle ne descendrait pas plus bas pour lui échapper.

Il vint donc s'asseoir près d'elle, en chancelant, avec le vertige de la victoire, et d'une voix mal contenue lui dit à l'oreille, avec l'assurance d'un homme qui a tout deviné :

— Qu'avez-vous donc pour être si triste, Bérangère ?

— Ah ! — fit-elle en le regardant avec deux yeux désespérés, — on dit que la jalousie peut mener à l'amour, et je n'avais plus que cette ressource. Je vous ai repoussé dans les bras de Mme d'Anglure, pour voir si je n'en souffrirais pas, et si l'amour ne sortirait pas pour moi de cette douleur. Eh bien ! je vous vois, depuis deux heures, montrer un amour fou à Mme d'Anglure, et je n'en ai pas été émue une seule fois. C'est le fond de l'abîme, comme vous voyez, — ajouta-t-elle avec un horrible égarement de sourire.

Ils s'étaient rencontrés dans cette pensée, mais, hélas! ce n'était pas le fond de l'abîme comme l'avait entendu M. de Maulévrier!

V

EXPLICATION

Monsieur de Maulévrier était resté anéanti sous l'accablante parole de Mme de Gesvres.

— Est-ce que vous êtes souffrante ce soir, ma chère ? — était venue dire à l'oreille de la marquise la vicomtesse de Nelzy, qui l'avait aperçue parler à M. de Maulévrier avec une physionomie douloureuse.

Et, déjà, rappelée au rôle de toute sa vie, la marquise s'était levée souriante et était allée causer avec la vicomtesse, près de la cheminée, au feu de laquelle elles tendirent la pointe de leurs pieds chaussés de satin. Maulévrier demeura donc sur le canapé, en proie à la rage d'une déception sans bornes, frappé au cœur de sa vanité comme de son amour, et traversé de part en part

Mme d'Anglure, qu'il avait quittée avec tant de brusquerie et qui avait suivi son mouvement et l'expression de ses traits pendant qu'il parlait à Mme de Gesvres, devint plus pâle que lui en voyant le changement soudain qu'avait produit en toute sa personne le mot dit à voix basse par la marquise. La jalousie revint vite à ce cœur déchiré ; mais alors, débarrassée de tous ses doutes, elle y revint avec une inébranlable certitude.

Ce qu'il y avait d'insupportable dans les sensations de M. de Maulévrier, c'est que ces sensations se combattaient, c'est qu'il ne pouvait s'abandonner franchement au mouvement qui, produit par une autre femme que Mme de Gesvres, l'aurait tout d'abord emporté. Il ne savait s'il devait la plaindre, la mépriser ou la haïr. Il y avait des motifs pour tout cela dans Mme de Gesvres. Seulement, quand le cœur était poussé à l'un de ces trois sentiments, voilà qu'au même instant les deux autres s'élevaient pour lui faire obstacle, et jetaient cette chose naturellement empêtrée, le cœur d'un pauvre homme, dans un incroyable embarras. Alternative extraordinaire et des plus cruelles !

Quand le mépris était prêt de tomber comme la foudre sur cette créature de rubans et de petites mines, indigne, après tout, d'un amour sérieux, la pitié pour cette âme impuissante, pour cet esprit qui sentait bien où est la vie, et qui l'avait cherchée avec tant d'indépendance dans ces relations que le monde condamne, la pitié arrêtait le mépris. Femme sans unité, aussi étrange que la Chimère antique, Protée, caméléon, le diable en personne, c'était la plus grande tourmenteuse d'âmes qui eût peut-être jamais existé. Ce n'était ni précisément un homme, ni précisément une femme, car alors on aurait su à quoi s'en tenir; on eût arrangé ses sentiments en conséquence. Eh bien! c'eût été un ami, si ce n'eût pas été une maîtresse; mais, ami, maîtresse, rien des relations ordinaires de la vie n'était possible avec cette femme, et n'était impossible non plus.

On y perdait son cœur, on y brûlait son bonnet; les plus habiles s'y trouvaient pris comme les plus tendres. Bien des hommes avaient essayé. Bien des esprits, abusés par l'histoire, en avaient voulu faire, pour le siècle, une espèce de Ninon de l'Enclos.

Fatigués d'un amour inutile, ils s'étaient rabattus à l'amitié; mais, quand l'amitié était invoquée, la câline et capricieuse femme se mettait à prendre de ces irrésistibles airs de maîtresse qui étaient, hélas! son unique façon de se livrer, et si l'on s'arrêtait à ces airs-là, elle les changeait tout à coup en manières d'amitié si touchantes qu'elles pouvaient jeter dans une rage atroce, mais qu'elles ne donnaient pas le courage qu'il aurait fallu pour se brouiller. Entrelacement épouvantable! liens dans lesquels on se roulait désespérément pour se garotter un peu davantage ! Arrivé à cette intoxication de sentiments qui tenait du charme, il n'y avait qu'un moyen violent d'en sortir à son honneur : c'était de tuer la sorcière, d'étouffer cet impatientant génie, cet Attila femelle en robe tombante.

Malheureusement, à une certaine hauteur sociale, on ne tue pas les femmes à Paris. On y comprend très bien qu'une passion qui pousse à tuer la femme qu'on aime est de la puissance ; mais c'est de la puissance au service de quelqu'un, cela sent sa domesticité, et, dans cette société vaniteuse, nul ne veut se proclamer inférieur. Aussi, quand il n'y a plus que ce remède pour les gens bien élevés, ils le voient, mais ils ne l'emploient pas, et la civilisation les récompense de cette modération pleine d'élégance en éteignant peu à peu cet amour qui retombe sur lui-même, vaincu par l'obstacle éternel.

Des roses *qui vivent un jour*, les passions malheureuses, dans une société avancée, sont de beaucoup les plus fragiles. Quand donc le cœur a bien tempêté comme la mer, au pied du roc qui ne bouge, comme la mer le cœur se retire ; mais la nature persévère plus que l'homme, la mer revient, et le cœur... pas !

M. de Maulévrier en était-il arrivé à ce moment dans ses passions d'homme civilisé ? On l'eût dit, à le voir, tout défait encore de l'impression que venait de lui causer la marquise, se lever avec presque autant de légèreté qu'elle et aller trouver Mme d'Anglure à l'autre bout du salon, immobile et droite comme un camée antique jauni par le temps. La malheureuse femme, qui pouvait à peine articuler un mot, l'avertit qu'elle voulait sortir, prétextant un de ces malaises qui sont aux ordres de toutes les femmes. M. de Maulévrier devina dans ses yeux, et dans la convulsion d'une bouche qui s'efforçait de sourire, l'effroyable scène qui l'attendait.

C'était la millième de l'espèce : il était déjà bronzé à ce jeu. A peine furent-ils en voiture, que les pleurs commencèrent à couler. Ce furent des étouffements de larmes, des torsions de cou et de bras, des plongements de front dans les mains crispées, tout cela perdu dans l'obscurité, dans le silence, ce silence précurseur des tempêtes. Maulévrier les voyait, les entendait, quoiqu'il affectât de ne les voir ni de les entendre, résolu à laisser venir la foudre sans en provoquer les éclats ; résolu aussi à ne plus calmer ces orages apaisés si bien naguère, quand il était soutenu par le but qu'il croyait atteindre en jouant l'amour avec la comtesse. Pour lui, la lassitude avait succédé à l'intérêt. Il était dans cette situation égoïste, furieuse et amère, qui fait de l'âme la plus noble une bête féroce, quand on l'ennuie. Il souleva la glace, et pendant qu'il sentait se gonfler de sanglots, à son coude, le flanc de la femme qui pleurait par lui et pour lui, il se mit à respirer indifféremment l'air de la nuit, et à suivre dans le mouvement de la voiture cette ligne grise de maisons qui semblaient fuir. Ils roulèrent ainsi pendant assez de temps, Mme d'Anglure demeurant à l'extrémité de la rue de Varennes. Pas un mot ne fut échangé.

Quand ils furent arrivés et qu'il fallut descendre, M. de Maulévrier offrit sa main à Mme d'Anglure, mais comme elle ne la prenait pas, il remonta à demi dans la voiture, d'où il était descendu, et il s'aperçut que la comtesse était évanouie. Cet évanouissement avait assez mauvaise grâce aux yeux des valets, qui ne manquèrent pas de se faire des signes en aidant M. de Maulévrier à emporter Mme d'Anglure jusque dans son appartement. Là, ses femmes la mirent dans un grand fauteuil et lui firent respirer des sels. Ces soins la rendirent à la conscience de sa douleur. Comme une souple couleuvre qui se redresse du sein de la neige qui l'a d'abord engourdie, elle se souleva dans son burnous de cachemire blanc qu'on avait roulé autour de ses épaules nues, et en femme qui n'a plus rien à ménager de sa dignité personnelle et de sa considération aux yeux des autres, elle dit qu'on la laissât seule avec M. de Maulévrier.

La pendule marquait une heure et demie du matin. Jamais M. de Maulévrier ne s'était trouvé à une pareille heure dans l'appartement de Mme d'Anglure, du moins à la connaissance de ses gens.

— Ah ! vous m'avez trompée, Raimbaud, — s'écria-t-elle. — Vous ne m'avez pas dit la vérité, quoique je l'eusse bien devinée ! Pourquoi ne m'avoir pas avoué plutôt que vous ne m'aimiez plus et qu'une autre m'avait pris votre amour ? C'est elle, la marquise, une infâme coquette, qui ne vous rendra pas heureux comme je l'aurais fait, qui ne vous aimera pas comme moi, Raimbaud, et qui ne mourra pas comme moi quand une fois vous ne l'aimerez plus !

Elle avait d'abord voulu parler d'une voix assurée, mais les pleurs étaient venus peu à peu, et des sanglots qu'elle ne contint plus éclatèrent. M. de Maulévrier marchait dans la chambre à grands pas, la main droite ramenée au flanc gauche, cette belle pose du portrait de Talma dans *Hamlet*, hésitant encore à jeter sur cette tête dévouée et désolée le mot qu'elle savait, mais qui, dit par lui, allait l'écraser.

— Pourquoi ne me répondez-vous pas, Raimbaud ? — fit-elle. — Me méprisez-vous donc tant que vous ayez résolu de ne rien avouer ? Pensez-vous pouvoir m'abuser encore par votre silence, comme vous le faites depuis un mois avec ce langage qui me jetait dans l'âme un bonheur rempli d'épouvante, car je ne sais quoi me disait que tout ce bonheur était faux ! Vous m'avez trompée par pitié, Raimbaud ; mais je voulais votre amour, je ne voulais pas votre pitié. Hélas ! il fallait bien que j'apprisse un jour ou l'autre ce que vous deviez être impuissant à me cacher. La marquise aussi est jalouse. J'ai vu sa jalousie aujourd'hui ; j'en ai joui d'abord, mais, grand Dieu ! qu'ensuite j'en ai été punie ! Vous avez eu peur en la voyant jalouse ; vous avez eu peur de la faire souffrir plus que moi ; vous avez sacrifié celle que vous n'aimiez plus à celle que vous aimez : c'était juste ; je ne vous le reproche pas, Raimbaud, mais je me demande seulement comment j'ai fait pour vous déplaire et pour que vous cessiez de m'aimer ?

Ainsi, les paroles de son désespoir ne démentaient pas toute sa vie. C'était toujours la femme esclave, la femme faite pour l'amour, l'amour vrai et comme il ne se rencontre plus que dans quelques cœurs exceptionnels, dans quelques esprits que le monde insulte, car ils sont sans puissance. Si M. de Maulévrier avait été désintéressé vis-à-vis de Mme d'Anglure, il eût admiré l'abnégation de cet amour résigné ; mais, dans sa position, il n'était plus juste. Caroline lui parlait de la jalousie de la marquise ; c'était comme une voix ironique qui le raillait après tout ce qui s'était passé. Son succès manqué, et rappelé de cette façon innocente, le rendit implacable, et lui qui se taisait par une délicatesse plus du monde encore que du cœur, se mit à dire les choses, haut et clair, à l'infortunée :

— Puisque vous voulez la vérité, Caroline, vous avez raison ; j'aime Mme de Gesvres, c'est-à-dire que je l'ai beaucoup aimée, car je crois cet amour affaibli déjà dans mon cœur; mais ne parlez pas de sa jalousie, ne parlez pas de tout ce dont vous parliez à l'instant : elle n'est pas jalouse, car elle ne m'a jamais aimé, car elle ne s'est jamais livrée, car tout l'amour que j'ai eu pour elle n'a jamais pu entraîner le sien.

Elle le regarda avec des yeux bien ronds et bien incrédules, en secouant tristement la tête, imaginant sans doute qu'il mentait encore. Elle ne comprenait pas qu'une femme pût ne pas aimer l'homme dont elle était folle, *son* Raimbaud.

— Vous ne me croyez pas, Caroline? — fit M. de Maulévrier, qui ne voyait pas d'où venait cette incrédulité adorable. — Oh! vous ne connaissez pas la marquise. Vous la jugez comme on la juge dans le monde; vous la croyez plus que légère, une femme aux amours faciles et rapides, elle dont la froideur est invincible et dont le cœur ne peut plus désormais être atteint. Vous ne savez pas à quel point elle est malheureuse, au fond, de ne pouvoir trouver dans la vie un de ces intérêts que vous lui supposez pour moi. Vous la calomniez indignement dans sa conduite, et elle n'a pas le moindre bonheur qui la venge de vos calomnies. C'est une femme digne d'autant de pitié que d'estime; ne l'insultez pas comme vous le faisiez tout à l'heure, car si elle a été votre rivale, ce n'a jamais été que dans mon cœur.

Il s'arrêta, éprouvant une âpre jouissance à rendre justice à la femme qui n'avait jamais eu d'amour pour lui, devant celle qui le croyait plongé dans les félicités d'un amour partagé ; il s'arrêta, effrayé aussi du mal qu'il venait de faire à Mme d'Anglure.

— Assez, Raimbaud, — lui cria-t-elle, prenant cet éloge de Mme de Gesvres pour l'expression d'un amour fanatique et désespéré ; — vous êtes la dupe d'une coquette sans âme : ne pouvez-vous m'épargner l'humiliante douleur de vous voir la défendre contre moi ?

L'effort de cette colère soudaine, de cet incoërcible dépit dans une créature si douce d'ordinaire, ébranla ses organes déjà malades et leur porta un funeste coup... Ce soir-là, Mme d'Anglure sentit le sang lui monter dans la poitrine. La conscience de sa mort prochaine apaisa bientôt sa colère.

— Pardonnez-moi, Raimbaud, — fit-elle en tendant à M. de Maulévrier cette main qu'il prenait avec tant de transport autrefois ; — pardonnez-moi ce que j'ai dit, en considération de ce que j'ai souffert ce soir. Vous serez bientôt quitte de mes plaintes. Pour le temps qui me reste à vivre, je ne veux pas vous offenser, vous que j'aime encore, dans la femme que vous m'avez préférée.

. . . .

VI

L'IMPÉNITENCE FINALE.

INQ jours après cette scène, Mme d'Anglure était à l'agonie. Les vomissements de sang étaient revenus avec une énergie effrayante. Le médecin ne conservait nul espoir. M. de Maulévrier, qui se trouvait, grâce à ses aveux, dans une position vraie vis-à-vis de Caroline, n'eut point de résistance à vaincre en lui-même pour soigner cette pauvre mourante qui l'avait si éperdument aimé, et pour entourer ses derniers moments des formes de ce dévouement extérieur qui, après l'amour, fait illusion encore aux cœurs tendres. Il resta, autant qu'il le put, auprès du lit de la comtesse. Il n'avait plus à feindre un sentiment qui le gênait. Au contraire, il pouvait être franc dans l'expression de celui qu'il éprouvait, car il en éprouvait un alors : il s'attendrissait sur cette destinée qu'il avait perdue. Pitié que l'amour-propre empêche d'être amère, et à laquelle, pour cette raison, sans nul doute, le cœur de l'homme sait se livrer avec abandon !

Elle qui finissait la vie comme elle l'avait commencée, par un seul amour, jouissait tristement de l'attendrissement de M. de Maulévrier, et lui souriait au milieu de toutes ses souffrances, avec les larmes de la reconnaissance et du désespoir dans les yeux. Elle ne parlait plus en termes irrités de la marquise, de cette *voleuse d'amants* qu'elle aurait désiré parfois dénoncer à toutes les femmes, et pourtant les aveux de Maulévrier ne l'avaient point persuadée. Elle croyait qu'il était aimé de la marquise, et qu'il l'aimait assez pour avouer son amour et le proclamer malheureux, pour se vanter de ses rigueurs. Elle voyait là un généreux mensonge. Elle n'était pas une observatrice de premier ordre, cette suave enfant qu'ils avaient appelée *la Belle et la Bête;* front charmant, mais bien parfaitement fermé à la lumière, elle ne comprenait guère que ce qui était simple, et jugeait les autres par elle-même. Une femme de la complication de Mme de Gesvres ne pouvait pas tomber sous ce sens étroit, les relations de M. de Maulévrier avec Mme de Gesvres être expliquées par cette nature toute droite qui était venue, comme une fleur, en pleine terre, à la campagne.

— Vous vous fatiguez et vous vous ennuyez,

mon ami, — disait-elle à M. de Maulévrier, quand elle le voyait passer des heures entières près de son lit et en silence ; car il était défendu de faire trop parler cette poitrine si souvent en sang ; — voilà que toute votre vie est changée, parce que je me suis imaginée d'être malade. Raimbaud, je ne veux pas de cela. Vous êtes délicat et bon pour moi ; je vous en remercie, j'en suis même heureuse au milieu de tout ce qui m'afflige et me fait mourir, mais je ne veux pas qu'où l'amour n'est plus, soient les sacrifices de l'amour. On n'en doit pas tant à ceux qu'on n'aime plus. On ne doit même qu'à ceux qu'on aime, et la marquise — ne faites pas ce mouvement et écoutez-moi — a droit de se plaindre de l'abandon dans lequel vous la laissez. Quittez-moi donc souvent pour elle, allez la voir, et cependant, — ajoutait-elle avec une expression irrésistible, — revenez ici, Raimbaud, puisque la pitié vous y ramène. Je n'ai pas la force qu'il me faudrait pour me priver de ce dernier bonheur.

M. de Maulévrier n'obéissait pas toujours à Mme d'Anglure ; une affection si profonde, et en même temps si douce, lui donnait le courage de résister à la malade dévouée qui, l'amour au cœur, l'envoyait ainsi voir sa maîtresse. Cette bassesse sublime le touchait, et parce qu'il était touché, il restait, captivé davantage. Il restait, comparant cet amour à l'impuissance d'aimer de la marquise ; et celle-ci, dont le noble esprit était fait, du moins, pour tout comprendre, enviait, avec un regret plus inconsolable que jamais, le sentiment dont elle était privée, quand M. de Maulévrier lui racontait tout ce que ce sentiment inspirait à Caroline de touchant, d'aimable et de bon.

Et comme, en dehors des mille vanités de la femme qui la faisaient si souvent extravaguer avec tant de charme, Mme de Gesvres, à force de bon sens, finissait par avoir un cœur excellent, elle apprécia dignement la conduite de Mme d'Anglure et elle se sentit vivement attirée vers la malade, quoiqu'elle crût — illusion analogue à celle de Caroline — que M. de Maulévrier, qu'elle avait pris au mot dans la dernière comédie qu'il avait jouée pour exciter sa jalousie, était revenu à celle qu'il avait si longtemps aimée. Seulement, quelle que fût alors sa sympathie, elle savait bien qu'avec les convictions de Mme d'Anglure et ce qui s'était passé entre cette dernière et M. de Maulévrier, elle ne pouvait convenablement se présenter chez Caroline et lui témoigner l'intérêt sincère dont elle se sentait animée. Bizarre chose que les relations humaines, dans lesquelles les meilleurs sentiments sont très souvent inexprimables, et ce qui serait vrai, impossible !

Plus l'état de Mme d'Anglure empirait, plus Mme de Gesvres, qui admirait la douce splendeur qu'un amour naïf et grand projetait sur les derniers moments de celle qu'elle avait autrefois protégée et défendue, souffrait de se sentir éloignée de la comtesse. Rendue à ses sentiments naturels par ce que M. de Maulévrier lui racontait de la mourante, elle pensait parfois qu'elle ferait mieux comprendre à Mme d'Anglure que jamais elle n'avait aimé d'amour M. de Maulévrier, et que cette assurance franchement donnée mêlerait peut-être quelque douceur aux angoisses de cette agonie. Mais l'idée que M. de Maulévrier, qu'elle croyait revenu de bonne foi à ses premiers sentiments pour Caroline, n'avait pu calmer cette âme agitée et lui enlever ses doutes cruels, la retenait toujours, et elle ne serait point sortie de cette incertitude si M. de Maulévrier n'était venu, un soir, la chercher en toute hâte pour la conduire chez la comtesse qui l'avait, lui dit-il, demandée tout à coup avec beaucoup d'insistance et d'obstination.

Elle y alla, non sans quelque trouble. En la voyant entrer dans sa chambre, Caroline lui tendit la main de la façon familière et simple avec laquelle elle la lui avait prise à une autre époque, quand elle revint de la campagne pour s'assurer du malheur de ne plus être aimée.

La comtesse était couchée sur une chaise longue, la tête soutenue par des coussins et la taille enveloppée dans des châles. Elle avait tous les symptômes d'une mort prochaine, l'œil luisant, les narines creuses, la pâleur bleuâtre.

— Je vous sais bon gré d'être venue, — dit-elle

d'une voix faible, mais assurée, à la marquise qui, quoique émue, s'assit près d'elle avec cette absence d'embarras des femmes du monde qui fait croire si bien à la chimère du naturel. — Je voulais vous voir avant de mourir. Vous m'avez été bonne autrefois, et d'ailleurs j'ai été injuste pour vous au fond de mon cœur. Si vous avez plu à Raimbaud, ce n'est pas votre faute ; si vous l'avez aimé, je n'ai pas su m'en défendre mieux que vous.

— Caroline, — lui répondit Mme de Gesvres comme au temps de leur ancienne liaison, et avec le désir de lui causer quelque bien, — vous êtes victime d'une illusion funeste ; je n'ai jamais aimé M. de Maulévrier.

— Oh ! — fit la comtesse en secouant la tête avec une grâce souriante et triste, — je sais tout et je suis résignée : n'essayez donc plus de me tromper ; vous aimez Raimbaud...

— Non, je ne l'aime pas, — interrompit la marquise avec une noble impatience et en jetant à M. de Maulévrier un regard plein d'éclat qui l'attestait ; — je ne l'ai jamais aimé : qu'il le dise ; moi, je vous le jure. Si j'ai eu un tort avec vous, Caroline, c'est de ne pas vous l'avoir dit plus tôt.

— Plus tôt comme à présent, Bérangère, je ne vous aurais pas crue, — dit Mme d'Anglure. — Seulement, plus tôt, vous m'eussiez trompée sans motif, et à présent, vous en avez un dont je vous remercie. Vous voulez m'épargner du chagrin parce que je meurs. C'est bien à vous, mais c'est inutile ; puisque je meurs, je ne regrette presque plus de n'être plus aimée. En le laissant derrière moi, — ajouta-t-elle avec un regard ineffable, — il souffrira moins.

— Mais... — dit Mme de Gesvres avec l'angoisse de ne pas être crue.

— Mais, — interrompit la comtesse avec une violence qui lui fit cracher le sang de nouveau, — pourquoi cette obstination, Bérangère ? Lui aussi m'a tenu le même langage que vous, et je ne l'ai pas écouté davantage. Ne tourmentez donc pas mes dernières heures par des négations et des résistances inutiles. Si je vous ai envoyée chercher, ce n'était pas pour vous adresser des reproches ; c'était pour vous le confier, lui que j'aime encore ; c'était pour vous recommander de bien prendre garde à son bonheur ; c'était pour que mon souvenir — le souvenir d'une amie morte de chagrin à cause de vous deux — ne se mît pas entre vous et n'empoisonnât pas les relations d'une intimité que je vous pardonne, quoiqu'elle m'ait fait cruellement souffrir.

— Ah ! malheureuse enfant, — reprit avec emportement Mme de Gesvres, poussée à bout par un aveuglement si obstiné, — comment donc faire pour vous arracher cette folle croyance, pour vous convaincre de la vérité de mes aveux ? Non ! je n'aime pas Raimbaud ; non ! je n'ai jamais été, je ne suis pas sa maîtresse. Le monde l'a dit, je le sais bien ; mais vous que j'ai défendue autrefois contre le monde, vous savez si je sacrifierai jamais rien à de sots propos. Vous connaissez mon indépendance. Aujourd'hui vous me prouvez que cette indépendance a toujours des dangers pour une femme. On la punit en se méprenant sur ses amitiés. Caroline, le monde me croit plus jeune que je ne suis ; vous aussi, vous me jugez d'après ce que vous avez de jeunesse et d'amour dans le cœur ; mais je ne vous ressemble pas, j'ai l'âme si vieille, si dépouillée ! Quand j'aurais voulu aimer Raimbaud, je ne l'eusse pas pu !

— Et dominée par le besoin d'être crue, que les négations de Mme d'Anglure avaient si vivement irrité en elle, elle se mit à lui dire sur l'impuissance de son cœur, sur le néant de sa nature, des choses vraies, mais qui devaient demeurer incompréhensibles pour la comtesse. Entraînée presque hors d'elle-même, elle lui révéla ce qu'elle était : elle le fit avec éloquence ; elle lui montra, une par une, ce qu'elle appelait les misères de son âme ; elle lui dit ses jalousies du bonheur des autres, du bonheur de ceux qui pouvaient aimer ; elle se plaignit de l'ennui profond, terrible, inexorable, éternel, qui frappait sa vie ; étala tout, s'insulta, fut vraie, fut naïve, elle, la grande Célimène de ce temps, et nul doute qu'elle eût fait pitié à une autre femme que la comtesse, à une autre qu'une créature sans intelligence et tout amour! La comtesse ne comprit pas un mot de toute cette triste psychologie que le tact exercé de la marquise n'avait pourtant pu retenir. Pour cette pauvre et adorable amoureuse, dont la vocation avait été d'aimer, comme celle des roses est de sentir bon, les paroles de Mme de Gesvres étaient et durent rester de l'hébreu. Elle l'écouta en la regardant avec défiance, et quand la marquise, à qui le tact revenait peu à peu devant l'incrédulité têtue de cette femme qu'elle essayait follement de persuader en lui parlant une langue étrangère, s'arrêta, vaincue et repentante d'avoir parlé, la comtesse lui dit, avec une grande sécheresse :

— Vous avez certainement beaucoup plus d'esprit que moi, ma chère, mais ce que vous me contez là est incroyable, et je ne vous crois pas.

— Adieu donc, Caroline, — fit Mme de Gesvres sans amertume et en se levant, car cette scène où elle s'était oubliée commençait de la fatiguer, et elle voyait dans ces airs de pardon et de générosité, auxquels Mme d'Anglure refusait si bien de renoncer, quelque chose de solennel et de *posé* qui choquait vivement son bon goût et son instinct du ridicule. Cela eût suffi pour réduire de beaucoup l'émotion que lui avait inspirée l'état de Mme d'Anglure et son amour pour Raimbaud. Maulévrier était resté silencieux pendant l'entrevue des deux femmes. Quand la marquise se leva, ses regards rencontrèrent les siens. Un imperceptible sourire de moquerie méprisante se joua silencieusement autour de leurs lèvres à tous les deux. Toujours spirituels et du monde, ils ne pouvaient s'empêcher de mépriser un peu cette passion aveugle, stupide, dramatique et dévouée, qui ne comprenait rien et montrait la rage de se sacrifier en mourant.

Quant à la comtesse Caroline d'Anglure, elle expira quelques jours après, dans son illusion indestructible, — les croyant heureux et leur pardonnant, — illusion torturante qui fut un démenti donné par elle au titre du livre si vrai qu'on appelle le *Bonheur des sots*.

VII.

LA VIE

Quoi! vous n'étiez pas revenu de bonne foi à Mme d'Anglure? — dit la marquise avec un indescriptible étonnement. Ils avaient repris leur place habituelle dans le boudoir de satin jonquille, et la vie pour eux recommençait de couler, sans événements, sans aventure, dans sa monotone variété.

— Non, je ne l'ai pas ré-aimée, — fit Raimbaud avec un sentiment trop triste pour qu'il s'y mêlât de l'amertume. — Ce fut bien fini entre nous du jour que je vous aperçus. Vous effaçâtes tout dans mon âme. Si j'ai affiché chez vous de l'amour pour cette femme qui méritait mieux que cette comédie, ce fut une fausseté pratiquée par moi pour exciter votre jalousie. C'était ma dernière ressource que j'employais.

— Dernière et inutile, — reprit Bérangère. — Le jour où vous vîntes dîner chez moi fut pour tous les deux un jour funeste. Pour moi, il me montrait le fond de ce cœur rebelle à tout. Pour vous, il vous ôtait une dernière espérance et vous laissait un amour... éternel, — dit-elle après avoir un peu hésité, et risquant enfin la romanesque épithète. Et comme la femme grave et compatissante se perdait toujours dans la coquette qui était si près, elle ajouta légèrement, en jouant avec les glands de sa robe de chambre : — Car, enfin, monsieur, qui pourriez-vous aimer après moi ?

— Eh ! mon Dieu, la première venue, — fit lentement M. de Maulévrier avec une majesté d'impertinence qui frappa juste sur tout cet orgueil extravasé. — Quand on n'aime plus, la première venue est plus puissante que la femme qui fut le plus follement aimée, n'eût-elle que l'attrait de la nouveauté.

— Vous traitez l'amour comme un caprice, — fit-elle furieuse. Puis, mordant ses lèvres et rattrappant le sang-froid perdu : — C'est peut-être vrai — dit-elle — quand on n'aime plus, mais...

Elle n'acheva pas sa pensée. Elle trouva plus simple de le regarder. La joie du sauvage sûr de sa proie allumait des éclairs dans ses yeux, et, la moquerie des femmes civilisées s'y mêlant, faisait de tout cela quelque chose de peu agréable à contempler.

— Et si je ne vous aimais plus? — dit Raimbaud câlinement, avec une voix basse et douce, et en lui prenant la main dont il baisa les ongles rosés, mais sans appuyer.

— Vous ! ne plus m'aimer ? — demanda-t-elle, changeant tout à coup d'air et de contenance, et d'un ton plus curieux que dépité.

— Plus du tout, — dit Raimbaud, avec un désintéressement infini et du naturel retrouvé.

— Bah ! — répondit-elle avec explosion; et se retournant vivement sur la causeuse, elle lui présenta ses belles épaules, qu'elle arrondit avec bouderie, comme une objection à ce qu'il disait.

Mais, bouderie ou manège, tout fut inutile.

— Il n'y a pas de bah! madame, — dit Raimbaud avec calme. — C'est bien vrai que le charme est détruit: vous voudriez vainement le faire renaître. Ce que vous avez éteint en mon âme, vous ne le rallumeriez pas.

— Vraiment ! — fit-elle ; et se penchant vers lui de trois quarts, pose charmante qui lui allait à ravir, elle lui décocha un des plus divins sourires que la vanité d'une femme belle ait jamais inventés pour répondre à un défi insolent. — Eh bien! nous verrons...

Mais elle ne vit rien. Ce jour-là, et depuis, elle employa toutes les subtilités de son esprit, toutes les grâces de sa manière, toutes les ressources de son génie, tous les artifices de ses négligés du matin, toutes les ivresses d'un abandon téméraire, toutes les légèretés de flamme qui, dans le tête-à-tête, ressemblent à des caresses positives. M. de Maulévrier ne démentit point sa parole. Elle ne le troubla plus. Il jouit de tout cela comme un peintre ; il en jouit aussi comme un fat, mais l'amant évanoui ne reparut pas. Elle l'avait fatigué en trompant ses désirs sans cesse, en flétrissant un à un tous les espoirs qu'il s'était créés ; elle aurait lassé une âme de bronze, une âme romaine, et lui, comme elle, ne pouvait ressentir que l'amour comme le monde l'a fait. Parfois, en la voyant tout risquer pour reconquérir sa conquête perdue, l'idée lui vint de profiter, dans les intérêts les moins distingués, des dangers auxquels elle s'exposait. Mais il était mieux qu'un fat vulgaire ; il avait son orgueil vis-à-vis d'elle, et il ne voulait pas qu'elle pût interpréter comme un reste d'amour encore la tentative d'une possession que peut-être elle eût de nouveau disputée, s'il avait essayé d'y revenir.

Bientôt, comme il s'était lassé de l'aimer pour rien, elle se lassa de vouloir faire revivre un amour qui n'existait plus.

Ainsi, encore une fois, leurs relations se modifièrent, mais demeurèrent aussi fréquentes, aussi intimes que jamais, et le monde, qui avait accusé Mme de Gesvres d'avoir *tué* Mme d'Anglure, continua de les nommer amants, quoiqu'ils ne fussent plus que des amis.

Amis étranges, il est vrai ; singulière et triste

liaison d'un charme puissant, inexplicable et empoisonné !

Le mot qu'elle lui avait dit devint vrai.

Après elle, il n'aima plus personne. On eût dit qu'en l'aimant il avait contracté, pour les autres, la cruelle impossibilité d'aimer dont il avait été la victime.

Et cependant, malgré cette épreuve, lui, pas plus qu'elle, ne prit son parti sur soi-même et ne sut donner à sa vie la dignité de l'indifférence, la fierté calme de la résignation.

Avides d'un intérêt de cœur, ils osèrent le chercher encore. Leur intimité ne leur suffisait pas. Ennuyés, le jugement cruel, l'imagination exigeante, ils promenèrent partout leur fantaisie, voulant être une dernière fois heureux encore, dans l'amour avant de mourir.

Ils cherchèrent tous deux, pressés de revenir l'un à l'autre et de se dire ce qu'ils avaient trouvé de meilleur à aimer qu'eux-mêmes, puisqu'ils ne s'étaient pas aimés. C'était à qui de lui ou d'elle viendrait se vanter, avec le plus d'orgueil, de ressentir enfin l'amour. Mais cet amour, appelé par eux, expirait toujours dans le mépris involontaire ; et ce mépris, qui venait si vite quand ils regardaient entre les deux yeux ce qu'ils s'étaient à eux nommé leurs idoles, ne les empêchait pas de s'en reconstruire de nouvelles, qu'hélas ! ils abattaient toujours.

A lui, ni la beauté, ni la jeunesse, ni l'amour

même, tout ce qu'il admirait le plus, ne suffisait pour remplir sa pensée ; et quant à elle, ni l'esprit, ni la renommée, ni le génie, toutes choses qu'elle sentait mieux qu'un homme, ne pouvait longtemps la captiver.

Ils se déprenaient avec la même vitesse, ils se détournaient avec le même dégoût. Créés, à ce qu'il semblait, l'un pour l'autre, si l'un tardait à mépriser ce qu'il avait d'abord tenté d'aimer, l'autre, impatient, implacable, le poussait bientôt à ce mépris par l'ironie, l'ironie qu'ils maniaient également tous deux.

Que de fois ils passèrent de longues heures dans la nuit l'un près de l'autre, flanc à flanc, les mains enlacées, couple fait, on l'eût dit du moins, pour toutes les voluptés de la vie, mais trouvant sans cesse l'esprit qui juge où ils avaient appelé la sensation qui enivre : couple superbe et fatal ! réduit à insulter l'objet de ces amours qui ne duraient pas, et à rire entre soi des ridicules vus le matin dans le tête-à-tête; affreuse comédie qu'ils se donnaient entre quelque baiser vide, quelque sombre et vaine caresse, par dédommagement du bonheur manqué et de l'enthousiasme impossible !

Que de fois ils se dirent que pour eux il n'y avait qu'eux cependant, mais ne s'expliquant pas par quel charme l'amour qu'ils cherchaient dans les autres ils ne le rencontraient pas dans leur cœur, puisque leur seul intérêt dans le monde naissait quand ils étaient réunis !

Ils vivaient ainsi ; triste vie, sentiment sans nom parmi les hommes, relation que le monde ne comprenait pas !

Plus leur espoir d'aimer une fois encore tarissait dans leurs âmes impuissantes, plus ils se sentaient étroitement liés par ce qui ne pouvait être un lien entre eux et personne ! plus ils sentaient qu'ils n'avaient rien à se préférer !

Quand lui sortait des bras d'une femme, ne venait-il pas, avec une ardeur avide, essuyer ses lèvres à ces mains de marbre que l'amitié lui tendait, et livrer à la plus spirituelle moquerie tous ses bonheurs incomplets à flétrir !

Quand elle, plus coquette que les plus coquettes de Marivaux, avait prêté sa charmante oreille aux adorations qu'elle faisait naître, ne venait-elle pas, la bouche dégoûtée et les yeux mornes, poser sa tête lasse sur cette poitrine qu'elle n'animait plus ! Alors — on ne sait — qui pourrait assurer de telles choses ? — regrettaient-ils tous deux de n'être pas amants au lieu d'être de si étonnants amis ; et si le regret existait au fond de leurs âmes, excepté des douleurs bien désespérées, que peut-on tirer d'un regret ?...

C'est ainsi qu'ils achevaient leur jeunesse. C'est ainsi qu'ils s'avançaient ensemble vers le but suprême, la vieillesse et la mort qu'ils connaissaient déjà par le cœur, mais qu'il leur restait à apprendre par le déclin naturel de la vie, les infirmités de la pensée et des organes, et la perte de la beauté. Ils s'avançaient étroitement unis, consternés et purs, mais de la dérisoire pureté de l'impuissance ; et dans le néant de leurs âmes, ils n'avaient pas, pour se consoler ou s'affermir, la vanité de ce qu'ils souffraient. Leur bon sens faisait fi de la poésie de la douleur, comme leur bon goût en faisait mystère. C'étaient toujours une femme élégante et un dandy, à l'intimité desquels le monde insultait dans de jolies plaisanteries ; c'étaient toujours de part et d'autre la même convenance, les mêmes manières irréprochables, cette même légèreté dans la parole, grâce charmante qui n'appuyait jamais sur rien. On ne pouvait guère soupçonner ce qu'il y avait de grave, de profond, dans ces deux êtres si exclusivement occupés, à ce qu'il semblait, de choses extérieures, et dont l'esprit, à certains soirs, partait tout à coup en mille étincelles et en railleries joyeuses. Mélange bizarre dont se composait pour eux la vie, influence du monde et des habitudes sur ce que les sentiments ont de plus involontaire, et dont l'histoire d'une de leurs matinées, prise au hasard entre toutes les autres, donnerait une idée plus exacte que l'analyse la plus fidèle.

. . . . Un matin, le marquis de Maulévrier alla chez la marquise de Gesvres ; mais il ne la trouva pas à sa place ordinaire, dans le boudoir jonquille : elle était sortie.

Séduite par le temps qu'il faisait (on était au commencement du printemps), elle était allée s'asseoir sur un banc placé à l'extrémité d'une des allées du jardin de l'hôtel de Gesvres. Elle tenait un livre, et, dominée sans doute par les idées que lui inspirait sa lecture, elle ne sentait pas le fleuve de soleil qui tombait en nappe de lumière et de chaleur sur sa tête nue, sur ses mains divines dégantées, et sur des épaules que le soleil même était impuissant à bronzer.

— Que lisez-vous donc là? — fit Maulévrier en s'approchant, frappé de la préoccupation de sa physionomie.

— C'est *Lélia*, — répondit-elle, — un livre qu'ils disent faux et qui n'est que la moitié de la vérité de ma vie. Que serait-il donc si l'autre moitié s'y trouvait!

Elle parlait avec une agitation presque fébrile, les yeux durs, le front contracté, violemment belle.

— Vous avez raison, — fit Maulévrier, qui ne raillait plus quand il la voyait dans cet état, car il avait appris à connaître, à ses dépens, la douloureuse pauvreté d'âme et de sens de cette femme révoltée de n'en pas avoir davantage. — *Lélia* n'est qu'une moitié de misère ; il en est dans le monde de bien plus grandes et qu'on ne voit pas.

— Oui, la mienne, par exemple, — reprit-elle avec une tristesse animée; — oui, la nôtre, car vous aussi vous en êtes venu où j'en étais ; en m'aimant vous avez gagné mon mal, et vous n'en guérirez pas plus que moi.

Mais *Lélia !* mais eux, ces artistes, ces grandes imaginations, ces hautes pensées, — continua-t-elle en jetant le livre qui l'avait émue et qu'elle n'aimait que comme un fragment de miroir, — ils ont beau souffrir, sont-ils donc si à plaindre ? Si l'amour leur manque, comme à nous, n'ont-ils pas tout le reste ? S'ennuient-ils comme nous ? N'ont-ils pas des facultés supérieures qui leur créent des intérêts très vifs, et les défendent de l'ennui et de la fatigue d'exister ? Quand ils n'auraient que la faculté de parler magnifiquement ce qu'ils souffrent, cela ne les soulagerait-il pas un peu ? La femme qui a fait *Lélia*, fût-elle Lélia elle-même, n'a-t-elle pas eu un dédommagement, en se racontant avec une telle éloquence ? N'y a-t-il pas aussi, dans son livre, des pages qui attestent qu'elle sent profondément les beautés de la nature ? N'est-ce pas quelque chose, cela ? n'est-ce pas de l'amour après tout ? Et qu'importe ce qu'on aime, si on aime ! O mon Dieu, mon Dieu, toute la question c'est d'aimer ! Ne disait-on pas dernièrement que cette femme qui a fait ce livre avait le projet d'entrer dans un cloître ? Il y a donc en elle, ou des idées qui l'exaltent encore, ou des lassitudes qui entrevoient la possibilité d'un repos. Mais moi, mais nous, mon ami, qu'avons-nous ? Qu'est-ce qui nous console ? Qui occupe notre vie ? Qu'aimons-nous ? L'idée de Dieu nous laisse froids, la nature nous laisse froids ; nous n'avons que l'esprit du monde, du monde qui n'a pas un intérêt vrai à nous offrir, et à qui nous n'avons rien à préférer. Esprits bornés, natures finies, c'était pour nous que l'amour devait être la grande préoccupation, la grande affaire, le grand enthousiasme de la vie, et l'amour, dans nos âmes glacées, n'a été qu'une fantaisie sans émotion ou sans noblesse, et quand il s'est agi de nous, Raimbaud, — un avortement en amitié.

Ah ! maudit cœur ! maudits organes ! — ajouta-t-elle avec un mouvement de rage ; et se jetant au cou de Raimbaud, pour la première fois, naïve et hardie comme une femme aimée et heureuse, elle chercha sur les lèvres de l'homme qui ne l'aimait plus la flamme à tout jamais absente pour elle et pour lui.

— Impossible ! — fit-elle accablée en laissant retomber ses bras.

Raimbaud, qui savait l'empire des choses extérieures sur les nerfs de cette femme mobile, qu'il fallait empêcher de se replier sur elle-même de peur qu'elle n'y trouvât le vide et l'ennui, lui conseilla, après quelques moments de silence, d'aller s'habiller pour sortir. Il était fort peu moraliste, mais quand il s'agit de faire diversion aux peines de la vie pour les femmes, leur conseiller de faire leur toilette est encore ce qu'il y a de plus profond.

Elle résista ; elle voulut rester dans ses cruelles

pensées. Mais comme M. de Maulévrier sembla l'exiger, elle quitta le jardin et monta chez elle. Elle était partie à regret, pâle, sombre, crispée, insoucieuse de son cou qu'elle livrait au soleil et de sa robe mal agrafée. Elle revint souriante, épanouie, gracieuse, mise avec le goût que Maulévrier lui savait, et portant la vie, à ce qu'il semblait, avec une légèreté aussi fière que les plumes blanches qui se cambraient sur son chapeau de paille d'Italie. C'était réellement une autre femme ! Elle se rassit près de lui pour lui faire boutonner ses gants chamois. Le fat orgueilleux, devenu sigisbé sans les profits ordinaires de ce genre d'emploi, les boutonna avec la docilité d'une soubrette, et, pour récompense, elle lui accorda le beau privilège de poser un baiser, comme on en donne aux petites filles, sur la raie des cheveux partagés.

Cela fait, ils montèrent en voiture pour aller, je crois, acheter des rubans.

FIN DE L'AMOUR IMPOSSIBLE.

LA BAGUE
D'ANNIBAL

A ROGER DE BEAUVOIR

en lui envoyant la *Bague d'Annibal*

Poëte de cape et d'épée *
A qui n'a jamais résisté
Ni la Muse ni la Beauté,
Ni la Grâce désoccupée,
Thaumaturge d'amour, qui peux d'une poupée
Faire un démon de volupté !

Tu redemandes cette histoire
Qu'aux temps si fous de mon passé
J'écrivis, *un soir*, de mémoire,
Avec de l'encre rose et noire,
Et la gaieté d'un cœur blessé.

Revois ce portrait d'une femme
Dont le sourire était mortel,
Argile inaccessible aux chaleurs de la flamme,
Corps charmant, mais vide d'une âme...
C'est de la vengeance... au pastel.

* C'est le nom d'un volume de poésies de Roger de Beauvoir.

Une vengeance... faible chose !
Qui ne rachète rien des maux qu'on a soufferts !
Elle s'énerve dans ma prose...
Mais comme un fort poison dans des parfums de rose,
Elle enivrerait dans tes vers !

J. B. D'A.

Il y a quelques années, les premières strophes de cette nouvelle parurent ; mais la publication ne fut pas continuée, par la raison qui fait tourner un portrait par trop ressemblant contre le mur. Aujourd'hui que le temps a influé ou sur le portrait ou sur le modèle, et peut-être sur tous les deux, les raisons qui firent interrompre la publication de ce conte ne subsistent plus, et nous le publions avec de nombreux changements et comme il doit rester — s'il reste.

The chariest maid is prodigal enough,
If she unmasks her beauty to the moon.

SHAKESPEARE

Une fille prudente est déjà assez coquette, si elle permet à la lune de considérer sa beauté.

A mon ami G.-S. TRÉBUTIEN

conservateur-adjoint de la Bibliothèque de Caen

    L'amour donne une bague : pourquoi l'amitié n'en donnerait-elle pas une aussi ? Voici la mienne, mon cher Trébutien. Je vous l'offre comme un souvenir d'amitié et des jours qui ne sont plus ; — des jours où cette bagatelle fut écrite à la clarté de votre sourire bienveillant et à la douce chaleur de votre approbation.
    Je regrette qu'il n'y ait pas du génie là-dedans, pour que ce soit plus digne de vous ; mais les amis sont comme les plus belles filles du monde, qui ne peuvent donner que ce qu'elles ont. Ce que j'ai surtout et ce que je vous donne, c'est une affection vraiment fraternelle, que je puis bien attester ici, mais exprimer comme je la sens, jamais !
    A vous,

Jules-A. Barbey d'Aurevilly

LA BAGUE
D'ANNIBAL

I

... Pourquoi ne vous dirais-je point cette histoire, madame ? Vous êtes trop spirituelle sans doute pour n'avoir pas des moments d'ennui comme une sotte : — car les gens d'esprit de cette intéressante époque ont volé aux sots la faculté de s'ennuyer, qu'ils possédaient seuls autrefois. — Eh bien, si cette histoire vous trouve dans un de ces moments terribles, tant mieux pour elle, en vérité. Ne valût-elle rien, elle vaudra quelque chose si elle interrompt vos ennuis. Pour moi, je l'ai écrite, madame, dans la situation où je voudrais que vous fussiez pour la lire, et que Byron se rappelait sans nul doute quand il disait, dans ses Mémoires, qu'écrire *la Fiancée d'Abydos* l'avait empêché de mourir.

II

C'est aussi l'histoire d'*une fiancée*, — mais mon poème est moins idéal que le sien, — l'histoire d'une fiancée, une pure fiancée, qui devint... — Mais pourquoi le dire? Lisez toujours, et vous le saurez. J'ai passé toute ma journée au coin de mon feu à écouter la pluie battre aux fenêtres, et ce soir, je suis resté sans lumière longtemps à regarder les lueurs du foyer danser au plafond comme des spectres, chose fort peu réjouissante pour un être aussi mélancolique que moi. Je pouvais sortir, aller dans le monde ; mais il eût fallu s'habiller; cette grande affaire de la vie ! Et le monde, malgré toutes ses joies, est encore plus triste pour moi que la solitude. Je n'avais donc que la ressource du cigare et du thé ; mais l'un me donne des nausées et l'autre m'alourdit la tête et me noie le cœur — ce cœur qu'il faut, hélas ! toujours finir par repêcher. — Ce n'était donc pas une ressource. J'étais perdu, si je n'avais pensé qu'une histoire à raconter m'irait à ravir.

III

Et je vous ai prise pour mon *audience*, madame, comme dit Bossuet, vous, et vous toute seule, qui me prêteriez votre blanche oreille, si je vous en demandais le tuyau ; mais je n'ai point une telle exigence. Je ne vous imposerai pas la nécessité d'écouter mon histoire. Prenez-la, laissez-la, oubliez-la ou rêvez-y. Je ne parle pas, j'écris, et vous resterez libre. Pour moi, les mobilités de la femme sont saintes, et je ne crois plus qu'en la divinité du caprice. Seulement, si vos yeux ne tombent pas ici, vous ne saurez jamais qu'un soir où peut-être vous étiez dans le monde, parée, souriante et coquette, vous n'aviez pas — pour moi — quitté votre chambre, et qu'en papillottes et en peignoir, les pieds au feu, sur la même causeuse, la lampe derrière nous, vous m'écoutiez. Plaisirs innocents de la poésie, valez-vous une réalité ?

IV

Il y avait à Paris, dans cet hiver-là, une jeune femme — mais on ne savait si elle était fille ou veuve — qui était bien le plus joli petit phénomène qu'il fût possible d'imaginer, même avec beaucoup d'imagination. Comme il faut un nom à toute force, je l'appellerai madame d'Alcy — Joséphine d'Alcy. — Joséphine est un nom qui, de toute éternité, fut inféodé à ces femmes dont madame d'Alcy était le type, hélas! trop achevé. J'en sais une surtout, — mais pourquoi médire? — j'en sais une qui, si elle lisait cette histoire, croirait peut-être que j'ai voulu tracer un portrait. C'est la manie de tant de femmes, de croire qu'on pense à elles toujours!

V

Joséphine d'Alcy avait vingt-sept ans, à ce qu'il semblait : car qui fut jamais sûr de l'âge d'une femme ?... Elle n'était ni belle ni jolie, disaient les femmes qui la rencontraient ; mais elle avait des choses *fort bien ;* manière de convenir de ce qui était désolant et irrésistible, aveu qui paraissait désintéressé ! Quoi qu'il en soit, ce jugement était plus vrai que mille autres prononcés par ces dames, et contre lesquels nous, les bronzés de l'indifférence, ne nous sommes jamais révoltés, quoiqu'ils nous parussent d'une impartialité un peu suspecte.

VI

Joséphine n'était donc ni belle ni jolie... Mais on sentait que, deux jours après l'avoir vue, on pouvait l'aimer comme un fou. Elle s'enfonçait doucement dans l'imagination, et puis elle y restait. Elle ne produisait jamais cette mystérieuse sympathie qui s'établit tout à coup entre deux cœurs comme un courant électrique, magnétisme subtil et caché, le *coup de foudre* du dix-huitième siècle. — Non! Elle commençait par laisser froid ou déplaire ; mais, à la voir un peu davantage, elle déplaisait déjà moins — et enfin — enfin l'amour éclatait plus fort de tout le temps qu'il avait mis à naître. — J'ai toujours cru les êtres impressifs à la façon de Joséphine plus dangereux que ceux qui produisent l'ivresse nerveuse au premier regard.

VII

Elle était blonde, cette *seule* couleur de la jeunesse ; car, malgré l'acte de naissance, toute femme brune ne fut jeune jamais. — Elle était blonde. — Dernièrement, j'ai rencontré, madame, une femme blonde aussi, comme Joséphine, qui, certes, aurait embarrassé le plus habile coloriste, s'il se fût agi de la peindre. Or, ce qu'il eût manqué, je ne l'essaierai pas. C'était, comme sculptée par un procédé surhumain, et vivante, l'irisation qu'un soleil de printemps fait étinceler sur des feuilles nouvellement dépliées. Elle ressemblait, par la couleur, à ce qu'est la ligne courbe, toujours ondulante, jamais perdue, sur le marbre de la Vénus de Médicis. A l'ovale de ses joues, à ses épaules, aux tempes, dans les racines de ses blonds cheveux, il y avait, pâlissant parfois, mais éternellement distincte la couleur dorée dans laquelle les vertes feuilles du bouquet qu'elle tenait dans ses mains d'ambre étaient trempées... Quelle substance était-ce que cette femme ? Je ne sais. Elle me faisait peur, quoiqu'elle fût charmante. En s'approchant d'elle, on l'eût respirée, peut-être fanée... Son amant doit craindre, chaque matin, d'avoir à la mettre dans son herbier.

VIII

Joséphine n'était pas de ce blond étrange, insaisissable, tout semblable à l'or mystérieux versé par l'aile d'émeraude de la cantharide ! — Le reflet fauve de ses cheveux s'éteignait sous une nuance gris de perle. Il n'y avait en elle rien de printanier, de vif, d'étincelant et de frais. Son front, légèrement bombé — marque d'un caractère opiniâtre — ainsi que son cou et ses épaules, ressemblait à de l'ivoire un peu jauni. Ses yeux étaient d'un bleu orageux comme la mer, les veilles de tempête, couleur indéterminée, mais sombre, entre l'olive et le violet ; on n'aurait pu saisir l'âme au travers. Sa lèvre, dont les dents rompaient à chaque instant les veines, — habitude de coquetterie à la Pompadour, ou peut-être passion réprimée, — était malade et épuisée ; mais son sourire n'exprimait jamais ni désir, ni tendresse, ni mélancolie, cette sainte trinité du sourire des femmes ! Quand je la regardais, je ne pouvais m'empêcher de penser au Sphinx.

Que de fois j'eus la tentation de palper cette taille longue et gracieuse, pour voir si quelque aile de griffon n'était pas cachée dans le corsage, tandis que mon œil poursuivait aux bords de la robe flottante la pointe d'un pied qui se moquait de la fable, et qui disait que le Sphinx était une femme de partout.

IX

O femmes ! femmes ! vous êtes toutes plus ou moins hypocrites. Mais les gens d'esprit les plus fins sont assez aimables pour n'avoir pas le moindre doute en présence des tartuferies de deux beaux yeux noirs ou du machiavélisme d'un joli sourire. Alors, on se repose dans l'erreur comme dans la vérité ; et je crois même le repos dans l'erreur beaucoup plus profond. Eh bien, c'était cette sécurité dans la duperie, cette franche illusion sans arrière-pensée que Joséphine n'inspirait jamais. Elle ne trompait point par un sentiment d'emprunt ; mais le sentiment qu'elle exprimait était-il le sien ? Question à embarrasser les plus habiles ! Elle produisait toujours le doute, elle transpirait l'anxiété. On ne savait à quoi s'en tenir avec cette étrange créature dont les souvenirs étaient des hiéroglyphes, et les pensées qui apparaissaient de temps en temps dans ses yeux, aussi problématiques que les taches dans le soleil et les linéaments bleus qui veinent la jaune couleur de la lune.

X

Ah ! par tous les dieux immortels, pour nous, observateurs à lorgnon carré et à gants blancs, qui courons, autour de ces âmes de femmes, la bague de leur pensée secrète, — imperceptible anneau qui désespéra souvent notre merveilleuse adresse, — Joséphine était un problème d'imagination transcendante, l'inconnu à dégager d'une équation formidable. Ce mystificateur suprême, qu'on prit soixante ans pour un homme de génie, ce composé d'un joueur de whist et d'une vieille femme, sous les airs indolents d'une vipère endormie, M. de Talleyrand lui-même, eût été plus facile à pénétrer.

XI

Car *qui* était-elle, ou *quoi* était-elle?... personne ou chose? chair ou poisson? démon ou ange? ou le nœud gordien du démon et de l'ange, simplement femme, ce *jour-et-nuit* dans la grande mascarade de la vie?... J'eusse été le grand Newton lui-même, que j'aurais donné mon système de la gravitation pour le savoir.

XII

Et, voyez-vous, je n'étais pas le seul à penser ainsi. Joséphine excitait une curiosité extrême. Son caractère échappait à tous comme sa vie. Bien des gens prétendaient la connaître ; mais, quand ils avaient dit cela, les pauvres gens avaient tout dit. Quelle était sa famille ? D'où venait-elle ? Qui diable pouvait se vanter d'avoir rencontré M. d'Alcy ? Comme le Nil, elle cachait son origine dans une nuit profonde ; mais cette nuit ne faisait à personne l'effet d'être la nuit du temps. C'était une rareté toute moderne. On la disait plus astucieuse que spirituelle. Cependant son langage était agréable, surtout quand il commençait à tarir. C'était une espèce de *bas-bleu*, comme on en voit tant à présent. Seulement le bleu du bas était bleu *céleste*, un azur doucement mitigé. Il n'y avait que les jarretières dont on ne sût pas la couleur.

XIII

Elle parlait beaucoup, d'une voix vibrante ; le rose lui montant bientôt aux joues et s'y fonçant jusqu'à l'écarlate, qui tranchait brusquement dans le mat de la peau. Elle parlait beaucoup, des heures entières, en regardant ses petites mains déliées et dont les poignets étaient d'une telle délicatesse, qu'on eût pu trembler de les voir se détacher avec ses bracelets, quand elle les ôtait.

XIV

Mais que disait-elle? Des riens charmants, des choses cruelles et communes, ce que le monde lui avait appris. Elle débitait toujours une leçon de ce catéchisme des salons qui renferme tout le secret de la moralité des femmes; car on a souvent des principes comme un boudoir — pour se cacher. De sorte qu'excepté l'agrément d'une médisance, l'élégance de la phrase, peut-être un peu quintessenciée, il est vrai, et le timbre aristocratique de la voix, je l'aurais aimée autant muette. En effet, une femme qui parle n'est qu'une femme qui parle, après tout. Mais une femme muette, c'est presque une statue, une statue sans ses désavantages, — le froid du marbre, la monotonie de la pose et les autres inconvénients.

XV

Et d'ailleurs, pour ce qu'elles disent, qu'importe? Quand un gosier de talent chante, qui songe à écouter autre chose que le gosier? Qui songe, par exemple, aux paroles de M. de Jouy, l'illustre auteur de *la Vestale?* Les femmes qui, musique à part, roucoulent assez bien, en la variant, leur partition de vestale qu'elles ont toutes, plus ou moins, à jouer en public, les femmes ne tiennent qu'aux sons qu'elles filent. Dans ce que le monde leur apprend, hélas! y a-t-il mieux que les trivialités doucereuses d'un style d'Opéra? Excepté pour vous, madame ma lectrice, n'est-ce pas toujours le même fonds de sottises avec la seule différence des voix?

XVI

Et cependant — pourquoi ne pas l'avouer? — il y avait une espèce de dissonance entre la voix de Joséphine et les paroles qu'elle répétait le plus. Pensait-elle vraiment ce qu'elle disait? Doute éternel, quand il s'agissait de cette femme, doute fatal qui revenait toujours! Et si elle ne le pensait pas, pourquoi le disait-elle? Mais ceci est un abîme. Les motifs des femmes pour tromper, elles-mêmes les connaissent-elles bien?...

XVII

Mais Joséphine ne trompait pas. — Encore une fois, elle embarrassait. Si elle avait voulu tromper, elle aurait accompli aisément cette chose facile. Elle n'aurait point eu cet ironique et fugitif sourire aux lèvres, quand elle parlait des devoirs des femmes et de leur destination ici-bas, d'un style — elle avait du style dans ces moments-là — à faire honneur à miss Edgeworth elle-même. Elle n'aurait point eu ce regard plus moqueur encore que son sourire, et cet abaissement de paupières plus moqueur encore que son regard !

XVIII

Elle avait lu madame Necker de Saussure, et elle en tirait bon parti. Bien des maris juraient à leurs femmes qu'elle eût été une excellente institutrice, si le hasard l'avait placée dans une condition secondaire ; mais les femmes avaient leurs raisons pour n'en pas tout à fait convenir. Et pourtant sa moralité était grande, à ce qu'il semblait, et *ses talents* — comme l'on dit — étaient plus nombreux qu'il ne convient à une femme du monde. On eût pensé qu'elle avait été douée par les Fées, si les Fées n'étaient des besoins ! Elle peignait sur ivoire, elle peignait sur émail, elle peignait même sur vélin quand elle faisait à ses *amies*, en pattes de mouche délicieuses, la description de ses sentiments. Elle improvisait sur le piano, comme Corinne eût improvisé si le piano eût été à la mode du temps de Corinne. Enfin, elle réussissait dans toutes les petites jongleries d'une société aussi avancée que la nôtre, avec la supériorité d'un jongleur indien ou chinois parmi ses intéressants compatriotes.

XIX

Elle plaisait beaucoup aux vieilles femmes; mais les jeunes l'aimaient un peu moins, — chose qui ne saurait paraître étrange, probablement parce que les vieilles femmes n'étaient pas les seules à qui elle plaisait. — Celles-ci la défendaient en toute rencontre contre ces aimables insinuations qui se glissent plus cauteleusement encore que les conseils du serpent dans l'oreille d'Ève! mais, comme les insinuations de ces charmantes Èves, à leur tour, dans l'oreille de ces bons serpents, bien moins déliés qu'elles. En effet, en attendant la première faute de Joséphine, on la proclamait une coquette. Dilemme à l'usage de ces dames! si l'on est sage, on est cruelle et froide; et si l'on a pitié, on est perdue.

XX

Perdue? — Oui! traînée sur la claie de toutes les conversations, déchirée par toutes ces hyènes de vertu qui vivent des douleurs infligées à une pauvre femme amoureuse et imprudente, qui lèchent ses larmes et les trouvent bonnes, et boiraient le sang de son cœur dans leur appétit carnassier de réputations. Joséphine craignait-elle ces femmes implacables? Shakespeare a dit, je ne sais où, que le mal qu'on dit de nous est une culture; mais Joséphine entendait-elle aussi courageusement la sienne? Était-ce lâcheté qui l'empêchait d'être entraînée? ou la froideur naturelle de cette jolie femme, vrai glacier, dont le mari disait, en jetant au nez de ses amis la clef de sa chambre : « Allez voir plutôt! » Quoi qu'il en soit, on ne pouvait lui reprocher une fausse démarche; et cependant, des milliers d'yeux d'aigle pour la férocité épiaient sa conduite dans tous les sens. Mais de son collier de bonne renommée pas une seule perle n'était défilée encore.

XXI

Je ne sais pas comment elle s'y prenait avec les hommes ; mais toujours on lui parlait d'amour ou sur l'amour — ce qui est souvent la même chose. — Du moins, moi qui vous raconte cette histoire, madame, j'étais comme le cercueil de Mahomet, attiré à la voûte du temple. Je revenais toujours à ce sujet de conversation. Elle me contredisait dans mes théories et j'ai cru (mais est ce une illusion?) qu'elle n'agissait ainsi que pour les exalter davantage.

XXII

Et lorsque j'étais au plus fort de mon éloquence et de mes preuves, qu'en vérité il y avait assez pour faire mourir une femme faible et naturellement passionnée, comme Sémélé sous la présence du Dieu foudroyant qui la consuma, elle n'était pas du tout émue ; elle n'avait ni larmes, ni tendres sourires, ni rêveries éperdues, ni regards mi-clos, ni rougeurs subites et évanouies ! Seulement, mon amour-propre dépité (les gens vexés se paient comme ils peuvent.) constatait alors qu'il s'exhalait du front bombé sous les onctueux cheveux gris de perle, une espèce de tiédeur humide, une transpiration d'ardent désir. Mais ce n'était là qu'un mirage qui, comme tous les mirages, n'existait que par la distance. Car si, attiré par ce que je voyais, je me rapprochais un peu d'elle, elle savait reculer son fauteuil avec une splendeur de pruderie qui eût fait la réputation d'une anglaise, et le mirage s'en retournait... au pays des songes, d'où il était venu.

XXIII

Jamais les plus audacieux d'entre nous ne sentirent, en dansant avec elle, sa petite main trembler dans la leur ou répondre à d'éloquentes pressions par une plus tendre et plus affaiblie. Quand elle valsait, peut-être était-elle plus humaine. Elle n'avait pas la tête si forte qu'elle pût résister à ce tournoiement infernal qui la fait perdre à des derviches...... et à tant de femmes qui ne tournent pas, il est vrai, de cette diabolique façon, pour le pur et simple amour de Dieu. Mais, comme les vierges de province, Joséphine ne valsait jamais.

XXIV

Impatientés encore plus qu'impatients, nous regardions, cet hiver-là, à l'orient et à l'occident de tous les salons, pour découvrir celui que nous attendions comme un Messie! celui dont le front de prédestiné devait porter l'étoile mystérieuse qui devait fasciner Joséphine. Nous étions un bataillon sacré d'observateurs de premier ordre, de ces fiers jeunes gens qui jouent encore à la fossette après vingt-cinq ans, mais qui deviennent, si Dieu leur prête vie... ou autre chose, des moralistes ou des ministres d'État, et, malgré nos sagacités prodigieuses, nous ne voyions point apparaître ce front radieux sur lequel nous eussions arboré les banderolles de la vengeance!... à moins pourtant que ce n'eût été — et pourquoi pas? — le front luisant et couronné de cheveux argentés de l'honorable M. d'Artinel.

XXV

M. d'Artinel... Baudouin d'Artinel, je crois, — oui, c'est Baudouin qu'il s'appelait... ou d'un nom à peu près pareil et qu'on s'étonnait toujours de voir accolé à un tel personnage, — M. Baudouin d'Artinel était un homme grave et respectable, jouissant au plus haut degré de l'estime publique, conseiller en Cour royale ou juge, — je ne sais plus trop lequel, — ayant passé trente ans de sa vie, au su de tout le monde, à faire trois enfants à sa femme et un nombre illimité de rapports.

XXVI

— Il avait donc été marié; mais sa femme était morte. Il l'avait pleurée — convenablement : car on disait que son mariage avait été autrefois un mariage d'inclination. Mais le temps tue la douleur sur le cadavre qu'elle fait, et d'ailleurs un conseiller en Cour royale ne peut décemment pleurer toujours. Cependant il n'avait point déposé l'air mélancolique, et souvent il aimait encore à glisser de ces mots qui résonnent si bien dans l'oreille des femmes, quand il voulait faire allusion à des chagrins ineffaçables et à un cruel isolement.

XXVII

Soit que Joséphine l'eût séduit avec son bavardage de robes ou de chiffons, — ou par ses grands mots de vertu ou d'estime publique, de sentiments purs et doux, le vénérable conseiller recherchait avidement l'inexplicable créature. Peut-être le mariage et les peines qui en avaient été la suite ne l'avaient point assez maltraité pour qu'il ne s'aperçût pas des agréments extérieurs de madame d'Alcy. C'était une nature double et indécise, moitié vieux fat, moitié sentimental ; et c'est ainsi qu'en louvoyant entre ces deux manières d'être, il avait passé autrefois pour un homme à bonnes fortunes.

XXVIII.

Mais, à présent, ce n'était plus qu'un galant usé : il avait beau faire empéser ses cravates et ouater ses habits, il ne pouvait cacher les outrages des années et les fatigues du cabinet. Ce n'était pas César ; mais César lui-même n'avait jamais été plus chauve. Cependant il n'avait pas perdu ses dents, et, à tout prendre sans détailler, c'était un homme bien conservé.

XXIX

Lorsque Joséphine arrivait quelque part, on pouvait croire que M. d'Artinel suivrait bientôt. On l'avait d'abord remarqué, puis on avait fini par s'en taire, comme il arrive toujours : — l'habitude fatiguant la médisance, inconstante personne qui veut chaque jour des sacrifices nouveaux, comme ces divinités du Mexique auxquelles il fallait chaque matin une nouvelle victime humaine.

XXX

Mais cette médisance, il l'avait bravée mieux qu'on n'aurait dû s'y attendre ; car c'était un homme soumis à l'opinion comme à l'étiquette : un magistrat qui ne plaisantait point et qui tenait fort à la considération dont il avait le bonheur d'être entouré, comme il le disait lui-même avec un sourire d'une orgueilleuse mansuétude. Seulement, peut-être trouvait-il que Joséphine valait cette considération pour laquelle il avait tout fait, et se sentait-il (sur leurs vieux jours les hommes s'oublient) disposé, en faveur de Joséphine, à se moquer de l'opinion — cette reine du monde, sacrée par la lâcheté de ses esclaves, — dont il avait été toute sa vie le très humble et très obéissant serviteur.

XXXI

Et cependant, — je vous en ai déjà averti, madame, mais j'insiste sur ce point davantage, — Joséphine n'était pas une femme supérieure, une de ces femmes, filles de nos rêves, sirènes qui font aimer l'écueil sur lequel elles nous brisent ! irrésistibles créatures auxquelles on sacrifierait si bien le sang de son cœur et le bonheur de sa vie. — Hélas ! je ne songe pas que souvent ce serait là un assez pauvre sacrifice.

XXXII.

Non! c'était un être prétentieux — une minaudière — qui se croyait la grâce en personne, — bonne raison pour qu'elle ne le fût pas, — une avalanche de grands mots, de non-sens et d'étourderies, ayant au suprême degré ce que les femmes ont toutes par droit de naissance et de sexe : une immense faculté d'être fausse — mais elle ne l'était pas — et surtout le plus joli corsage long et cambré. Je la comparerais à une guêpe, si la comparaison n'était usée, — une guêpe qui n'avait pas cessé d'être femme, quoiqu'elle eût conservé son aiguillon.

XXXIII

Pauvres avantages que tout cela... excepté le corsage de la donzelle, svelte fuseau sur lequel l'amour dévidait vainement, à ce qu'il semblait, ses plus doux rêves. Pauvres avantages que tout cela ; et cependant tout cela eût suffi pour culbuter bien des philosophies et troubler la glorieuse monade de Leibnitz lui-même... Mais Leibnitz était fort lascif, je le tiens de mon maître d'allemand très versé en la biographie ; il nous faut donc choisir un autre exemple : — eh bien ! pour troubler celle de M. Baudouin d'Artinel, qui n'était pas un Leibnitz, je vous assure.

XXXIV

„Mais, soit qu'il eût appris à maîtriser ses penchants ou qu'il eût lu dans nos ouvrages modernes que les sentiments profonds rendent sérieux, soit que ce fût l'habitude du juge plus puissante que tout le reste, si M. Baudouin d'Artinel était amoureux de Joséphine — comme quelques uns le pensaient — il conservait toujours dans le monde son sang-froid et sa gravité un peu dolente. Seulement, il y avait alors une femme d'esprit, que j'ai connue, qui faisait toujours danser à cette gravité-là une jolie petite sarabande sur des charbons allumés, quand elle l'appelait le modèle des époux et des pères, et qu'elle lui parlait des hautes qualités de sa femme et des regrets qu'il en conservait.

XXXV

Quant à Joséphine, elle était pour M. d'Artinel ce qu'elle était pour nous tous dans le monde. On ne pouvait l'accuser d'une petite mine de plus ou de moins avec lui, quoiqu'elle se fût bien aperçue, sans doute, qu'elle intéressait au plus haut point le vénérable conseiller. Les femmes, quand elles nous intéressent, n'ont-elles pas toutes un divin moniteur qui leur parle de nous tout bas, une espèce de génie, comme celui de Socrate ; — mais qui, comme celui de Socrate, ne conseille pas précisément la sagesse. — Joséphine acceptait sans trouble les discrets hommages de M. Baudouin d'Artinel. Il est à croire même qu'elle eût été la meilleure amie de sa femme, si madame d'Artinel eût vécu. Du moins, elle et lui, quand ils en parlaient, se le disaient-ils l'un à l'autre.

XXXVI

Car ils en parlaient quelquefois. — Ils en parlaient depuis le jour où M. d'Artinel avait risqué l'éloge d'une femme qui, en mourant, avait emporté avec elle toutes ses affections, à lui, — ces affections qui, depuis qu'il connaissait Joséphine, ne demandaient plus qu'à revenir! Ce jour-là, il avait remarqué avec espoir l'attendrissement de Joséphine. Les pleurs qu'il crut voir dans ses yeux, étaient peut-être le résultat de quelque bâillement étouffé; mais quoi qu'il en pût être, elle et lui, depuis ce jour-là, avaient, dans leurs conversations mélancoliques, effeuillé un nombre infini de scabieuses. C'est parfois un excellent moyen de se faire aimer que de regretter une femme morte; et qui sait si M. d'Artinel, avec son expérience de la nature des femmes, n'avait pas pensé que la sienne pouvait lui être, auprès de Joséphine, d'une aussi précieuse utilité?

XXXVII

Or, un soir, chez madame de Dorff, Joséphine causait comme à l'ordinaire, — en regardant ses jolies griffes couleur de rose, que la brosse et le citron avaient lissées avec tant de soin. Il y avait beaucoup de monde dans le salon. Elle était assise contre le rideau de la fenêtre, un rideau de soie bleuâtre dans les ondes duquel elle noyait sa tête blonde et cendrée. — Ses lèvres remuaient comme les cordes de la harpe quand elles sont pincées par une main rapide.

XXXVIII

Mais on n'entendait pas ce qu'elle disait. Pour la première fois, elle ne parlait plus d'une voix haute et métallique ; — soit que sa voix fût perdue dans le bruit des conversations qui se faisaient alors autour d'elle, soit qu'elle voulût cacher à tous ce qu'elle ne disait qu'à un seul.

XXXIX

Car elle parlait à un seul, — un seul qui la regardait, penché sur le bras de son fauteuil, comme Napoléon dut sans doute regarder une carte de Russie avant sa malheureuse campagne. Elle, toujours disant, ne faisait que poser à la surface du regard de celui qui l'écoutait, l'extrémité des rayons vagues et mobiles des siens ; — un de ces regards qui effleurent, qui rasent et ne se fixent jamais. Au sommet du triangle dont ces deux personnes formaient la base, à l'angle de face du salon, se trouvait M. d'Artinel.

XL

« Pourriez-vous me dire, » — me demanda-t-il avec un air plus ridicule qu'il n'est permis à un conseiller de l'avoir, — et pourtant Dieu sait avec quelle munificence fut accordée cette permission à tous les jurisconsultes de la terre ! — « pourriez-vous me dire quel est ce monsieur à qui madame d'Alcy parle en cet instant, à l'autre extrémité du salon ? »

XLI

Je regardai. — « Ce monsieur, comme vous dites, monsieur, » — lui répondis-je, — « s'appelle Aloys de Synarose. Tout ce que j'en sais se réduit à de bien légers détails : il a de l'esprit, mais cet esprit est un peu gâté par l'affectation, les manières d'un fat, et, dit-on, une très mauvaise tête. » — Et je saluai M. d'Artinel, qui répéta : « Une très mauvaise tête ! » sans me rendre le salut que je lui faisais.

XLII

Oh! oh! — dis-je en moi-même, — monsieur d'Artinel, monsieur Baudouin d'Artinel, seriez-vous jaloux?... — Et je toisai l'Othello de la Cour royale, avec sa cravate blanche qui ne faisait pas un pli et son habit noir du plus beau lustre. — Est-ce que vous seriez atteint de cette passion pittoresque?

XLIII

Oui, il était jaloux ; — il était jaloux, atroce supplice ! — Il était jaloux sur moins qu'un mot, qu'un signe, qu'un air ! Il était jaloux sur un rien, comme on est jaloux ; fût-on juge comme il l'était, et comme il aurait été jaloux encore, eût-il été une Cour de justice à lui tout seul ! — Un pressentiment terrible avait passé — sous son irréprochable gilet de piqué — comme une trombe ; il avait blêmi tout à coup ; son nez avait remué d'une façon formidable, comme s'il eût eu quinola dans son jeu au reversis ! — Il était jaloux, c'était sûr ! Malgré la dignité habituelle de sa pose, il n'imposait pas autant qu'Ali de Janina, quand sa moustache se hérissait de fureur ; mais il est certain que les quelques cheveux gris qui dessinaient sur son occiput une pâle et idéale couronne, se seraient hérissés à la vue d'Aloys, s'ils n'avaient été trop enduits, ce jour là, d'huile de Macassar.

XLIV

C'était le jugement du monde sur Aloys que j'avais dit à M. Baudouin d'Artinel. Et pourquoi lui en aurais-je dit davantage ? M. d'Artinel n'avait-il pas les idées du monde ? Ne tenait-il pas à la considération que le monde dispense ? N'était-ce pas un enfant du monde, devenu l'un de ses docteurs ? N'était-il pas un de ces éléments dont le nombre, pour faire un public, embarrassait Beaumarchais ? Passé l'épiderme, voyait-il l'homme ? Et l'homme, c'est presque toujours l'écorché !...

XLV

Mais le monde est un vieil aveugle qui prétend voir, et qui prend, avec un sang-froid imperturbable, perpétuellement le noir pour le blanc. Le monde, c'est Brid'oison en personne — un conseiller aussi, comme M. Baudouin d'Artinel, — appliquant à tort ou à travers les règles d'une jurisprudence homicide. Le monde, c'est l'imbécillité multipliée par elle-même et élevée à sa plus haute puissance. Car il n'y a que les idiots qui ne sentent rien défaillir dans leurs entrailles quand ils égorgent, et le monde égorge si souvent !

XLVI.

Voilà le monde ! Oh ! tenez-vous loin de lui, vous tous qui avez un cœur à déchirer et une fierté à faire souffrir. Vous, madame, qui lisez ces lignes, vous l'aimez peut-être beaucoup et vous ne le connaissez pas ! Hélas ! moi, je l'ai connu de bien bonne heure. Il n'y a pas une pauvre marguerite de ma jeunesse sur laquelle il n'ait bavé son venin. Il n'y a pas une de mes joies qu'il n'ait empoisonnée à la source. Il s'est attaché aux êtres que j'aimais, parce que je les aimais ; il les a frappés parce que je les aimais ; et il m'a fallu assister à ce spectacle, muet, garrotté et sans vengeance.

XLVII

Oui, garrotté par les convenances de ce monde, par les lois de ce monde sans cœur ; obligé de feindre un front serein, mordant mon cœur jusque sur mes lèvres, et le ravalant dans ma poitrine quand il allait s'en échapper ; buvant mes larmes au dedans, amer breuvage ! Car je n'avais pas, comme Achille, de bords lointains, une tente sur quelque rivage, le vaste sein de l'Océan ou d'un ami, de ma mère Thétis ou de Patrocle — pour les cacher.

XLVIII

Mais l'orgueil était la colonne où je m'adossais... le poteau auquel *ils* m'avaient lié, et qui m'empêcha de fléchir. Comme Jésus, dans la flagellation sanglante, je ne tombai pas sous leurs coups ; mais, comme lui, je ne leur renvoyai point des paroles de miséricorde. — Et vous, les saintes Sébastiennes de ce monde, les martyres de votre amour pour moi, je pressai vos seins déchirés sur mon sein déchiré, plus précieusement, plus étroitement encore, comme si les flèches qui vous avaient percées avaient pu se détacher et se retourner sur mon cœur *seul*.

XLIX

Le monde disait donc d'Aloys qu'il était un fat, — un de ces êtres secs comme la peau dont leurs gants sont faits, — une espèce de Lauzun qui se serait fait ôter ses bottes par des mains de princesse, s'il y avait encore de ces mains-là ! Seulement, tout fat qu'il fût, le monde respectait sa fatuité parce qu'elle était accompagnée de la plus effrayante faculté d'ajuster l'épigramme. En fait de ridicules, Aloys tirait la bécassine avec des balles de gros calibre. Par conséquent, *c'étaient*, quand il s'en mêlait, d'épouvantables hachis ! « Quelle amusante peste ! » disaient les femmes les plus courageuses, que sa conversation intéressait tant qu'elles n'en avaient peur que par réflexion. Est-ce pour cela — ou parce que Rivarol portait un habit rose, qu'elles l'avaient surnommé Rivarol II ?

L

Mais j'ai lu quelque part que Rivarol était beau, et que c'était la moitié de son prodigieux esprit... pour les femmes. Or, Aloys n'avait pas été si magnifiquement doué. Il était laid, ou du moins le croyait-il ainsi. On le lui avait tant répété dans son enfance, alors que le cœur s'épanouit et que l'on s'aime avec cette énergie et cette fraîcheur, vitalité profonde, mais rapide, des créatures à leur aurore !

LI.

Alors que sa mère elle-même, sa tendre mère, c'est-à-dire celle qui ne voit rien des défauts de ses enfants à travers l'illusion sublime de sa tendresse, l'avait raillé sur sa laideur comme eût pu le faire une marâtre; alors qu'elle trouvait ses baisers moins bons, parce qu'il ne ressemblait pas à l'image désirée qu'elle avait rêvée longtemps : immatériel amour, que cet amour maternel ! — N'est-ce pas Chateaubriand qui en a conclu l'immortalité de l'âme, comme si, dans tous les cas, du reste, toute l'espèce humaine avait porté des jupons !

LII

Or, ces premières impressions sont si obstinées, elles s'enfoncent dans certaines natures à des profondeurs si grandes, qu'elles y restent à jamais, comme ces balles que le fer du chirurgien n'a pu extraire, et sur lesquelles la chair s'est refermée : comparaison d'autant plus exacte que ces impressions, comme ces balles, font reculer notre sang à certains jours.

LIII

Et ces souvenirs de son enfance vivaient tellement chez Aloys, que vingt femmes peut-être qui l'avaient vengé des dégoûts d'un père et d'une mère — modèles d'aimable sollicitude, qui ne pouvaient souffrir l'idée que leur fils ne fût pas un joli garçon, — n'avaient pas effacé la trace de la raillerie amère : rougeur qui ne brûlait pas la joue, mais la pensée... quand il y pensait.

LIV

Ame grande pourtant, que cet Aloys. — Mais l'Océan, qui engloutit les falaises, roule aussi l'algue marine dans son sein. — Il y avait en lui assez d'espace pour que toutes les douleurs s'y donnassent rendez-vous et y vécussent sans se coudoyer. Cette grandeur incommensurable et solitaire, cette force morale qui avait autrefois rendu superbe le nez épaté de Socrate, jetait souvent d'augustes reflets aux tempes pâles d'Aloys, et les femmes, à ces heures suprêmes, en restaient plus pâles que lui et confondues comme si le Ciel se fût dévoilé tout à coup, tandis que ce n'était que le masque de cet homme qui s'entr'ouvrait!

LV

Car il avait un masque, — un masque de fer cadenassé derrière sa tête et dont il avait jeté la clef à la mer, — un masque plus dur et plus froid que celui du frère adultérin de Louis XIV : car c'était le mépris qui l'avait forgé et l'orgueil qui l'avait scellé là. Il ne voulait pas que les hommes se réjouissent de l'avoir blessé, s'ils pouvaient le blesser encore. Il ne voulait pas qu'une idée haute et grave fût accueillie par le rire ou l'indifférence. Il avait la pudeur de la pensée et la fierté plus chaste encore du sentiment.

LVI

Il avait tout cela ; mais il le gardait entre lui et Dieu, ce discret confident de toutes les supériorités inutiles. S'il avait moins connu les femmes, on eût pu croire qu'il gardait pour sa future *adorée* ces perles de l'âme, qui d'ailleurs ne dispensent pas de l'autre écrin ; mais, pour agir ainsi, il savait trop qu'on se coiffe avec un camée, et que les choses morales ne se portent pas dans les cheveux. Ce qu'il y avait donc de mieux en lui, restait en lui, et par-dessus, il avait mis ce qui vaut mieux que quatre griffes de lion entrecroisées sur notre cœur pour le défendre : — cette plaisanterie qui a des ailes, et que les pédants, dans leur style de plomb, appellent frivolité, par jalousie. Comme ce fameux vêtement que porta Jean Bart tout un jour, cette splendide culotte d'argent, doublée de drap d'or, qui eut les résultats cruels d'un cilice, l'envers était encore plus précieux que l'endroit de sa personne ; et, comme Jean Bart victime de sa doublure, c'était aussi le plus beau et le plus intérieur de son âme qui le faisait le plus souffrir.

LVII

Dans toutes les coupes de la vie où il avait plongé ses lèvres, il avait bu une absinthe amère qui, sur ses lèvres, se retrouvait toujours. Une éternelle ironie dictait ses paroles, ironie si profonde que, dans la mollesse de sa voix et la courtoisie de son langage, rien n'en trahissait le secret... Pourtant les autres sentaient une insultante puissance qui se jouait d'eux à travers ces paroles gracieuses... On sentait cela comme, en entendant l'harmonica — musique céleste! plaisir inénarrable! — on sent que l'on va s'évanouir.

LVIII

Mais, ce soir-là... il parlait moins à Joséphine qu'il n'écoutait la ravissante poupée. Seulement, de temps en temps, on voyait, au mouvement de ses lèvres, qu'il laissait tomber un mot... un simple mot qu'elle ramassait, et sur lequel elle dévidait pendant un quart d'heure ses pensées — si l'on peut appeler de ce mot ambitieux le frêle produit du cerveau gazeux de madame d'Alcy. — Ils parlaient, ou, pour mieux dire, elle parlait du magnétisme animal.

LIX

Le résultat de cette soirée fut le désappointement de ce bon M. d'Artinel, qui piétinait tout en parlant politique avec un gros général qui l'avait collé à la cheminée. De cette cheminée, il envoyait de temps à autre un regard d'angoisse sur Joséphine et sur son heureux partner ; sur Joséphine qui n'aurait pas (à ce qu'il lui semblait du moins à la distance où il était placé) ramassé un monde quand elle l'aurait eu à ses pieds. Enfin ce fut encore l'opinion d'Aloys, quand il se leva des chastes flancs de Joséphine, et que nous lui eûmes demandé ce qu'il en pensait.

LX

« Mon Dieu ! » — fit-il nonchalamment, — « c'est une sotte qui a tout juste assez de jargon pour imposer à de plus sots qu'elle. » — Jugement plus cynique, en vérité, que nous ne l'attendions de sa part. — « Elle n'est pas jolie, » — continua-t-il. — « Voyez-la plutôt d'ici, roulant sa tête avec tant d'affectation dans ce rideau d'un bleu moins pâle qu'elle n'est blond pâle. D'honneur, son teint est plus blond que ses cheveux ! Je crois que, si elle avait un amant, elle ferait très artistement des larmes sur le papier des lettres qu'elle lui écrirait, avec quelques gouttes du verre d'eau à la fleur d'orange qu'elle boit avant de se coucher. »

LXI

Cela dit, Aloys ne s'occupa plus de Joséphine et eut plus d'esprit que jamais avec nous. — Le lendemain, il la vit encore chez madame de Dorff, où ils allaient souvent tous les deux. Au bout d'un mois de rencontres à peu près quotidiennes, je demandai, un soir, à Aloys, s'il avait toujours la même opinion sur Joséphine : — « Oui, toujours, » répondit-il avec un sang-froid d'autant plus admirable qu'alors il l'aimait comme un fou.

LXII

Est-ce que vous vous étonneriez, par hasard, madame, de ce qui arrivait à Aloys ? Est-ce la première fois qu'un fait — insolent de sa vérité de portefaix, — vient culbuter cette théorie un peu niaise de l'Idéal, amour allemand des imaginations mystiques ? Quant à moi, qui ai peu de pente vers le mysticisme exalté, et qui — mais d'une autre manière que le docteur Kant — ai l'entente de la réalité à un degré très supérieur, la femme que j'ai le plus aimée — et certes! j'en ai aimé beaucoup — était l'antipode de tout ce que j'aurais voulu.

LXIII

Il l'aimait comme un fou, — oui, — l'amour avait en lui l'intensité de la folie ; mais là, madame, l'analogie s'arrêtait court. — La raison lui était restée, forte, inflexible, inaltérable ; et, quoiqu'il l'aimât, cette femme, il la faisait passer, dans sa pensée, sous l'équerre et le niveau d'un jugement qui ne s'attendrissait jamais.

LXIV

Car il était de cette race sauvage et un peu fière d'hommes pour qui rien n'est illusion dans la vie : yeux perçants, qui voient la ride à côté de la bouche aimée, la misère du cœur qu'ils pressent sur leur cœur avec le plus d'amour ! Aigles qui, s'ils s'accouplent, déchirent l'aiglonne dans leurs caresses, comme indigne de leurs nids d'empereur ! — s'ils deviennent pères, brisent un matin dans leurs griffes l'œuf fragile ou l'oiseau sans serres, trop faible pour leur résister, comme autrefois ils meurtrirent, d'un coup nonchalant de leur grande aile, la poitrine de leur père décrépit.

LXV

Hommes qui n'ont de respect pour rien sur la terre; — que le monde accuse d'égoïsme, parce que leur *moi* est plus grand que le monde; — de méchanceté, parce que leur œil implacable a tout vu des motifs cachés... Pour ces sortes d'hommes, l'amour à la Pétrarque est impossible. S'ils disent quelquefois beaucoup de sornettes, ils font extrêmement peu de sonnets. Insolents! pour eux, la femme, cet ange de pureté douteuse, n'est qu'un plus ou moins joli... succube. — Quand ils iront chez vous, madame, faites dire par le portier que vous n'y êtes pas.

LXVI

Mais non... recevez-les plutôt, madame ; — faites-leur les yeux doux et vous serez vengée ; — car ces hommes ont un cœur que vous pouvez mettre en mille pièces, comme le plus frêle de vos tissus ; percer en riant, comme un de vos festons avec votre poinçon d'acier. Seulement, — n'est-ce pas bien dépitant, madame ? — on a beau les désoler, ils se consolent ; ils ne meurent pas. C'est avec leur esprit qu'ils pansent leurs blessures ; immortel dictame qui les sauve toujours ! Plus heureux que Mahomet, il n'y a point de Fatmé qui les empoisonne, ou, s'il y en a, c'est du poison inutile : ils sont les Mithridates de l'amour. Ce ne sont pas eux qui ont inventé le symbole si touchant — mais un peu commun — du lierre qui meurt où il s'attache. Eux, plus souvent que les plus souples lianes, ils se détachent très bien sans en mourir.

LXVII

— Et pourquoi ne se détacheraient-ils pas, madame ? Ils ont trop reçu du ciel en partage pour ne pas s'en servir, les grâces tombantes de la clématite ; et d'ailleurs, — je vous en demande pardon si vous êtes d'Europe et surtout Française, — sur bien des points, quoique sensibles, ils se rapprochent des opinions de ce faux et abominable Prophète qui n'eut sur les femmes que des idées dignes d'un conducteur de chameaux. A leurs yeux comme aux siens, — hélas ! je rougis de le dire, moi pour qui une femme est une madone, une belle forme blanche (quand elle est blanche toutefois) à invoquer du pied d'un autel, — à leurs yeux donc la femme n'est, après tout, qu'un coussin de divan plus ou moins parfumé, un délicieux coussin de divan pour dormir, bâiller et faire... l'amour !

LXVIII

Et cependant, — malgré ses opinions impertinentes, — l'homme est voué à une telle inconséquence, qu'il bouleverserait le monde pour un simple coussin de divan ! Que de fois on l'a vu (vous peut-être, madame ?) malheureux, et malheureux jusqu'au délire, parce que le coussin A, par exemple, n'était pas à la place du coussin B. C'est ce qui arrivait aujourd'hui à Aloys de Synarose ; comme il était déjà arrivé à M. Baudouin d'Artinel.

LXIX

Il faut que je mette une histoire dans cette histoire. Un de mes meilleurs amis, madame, prétendait, avec la fatuité en usage chez les cœurs bien épris, avoir pour maîtresse la plus ravissante créature, depuis les talons jusqu'à la tête... inclusivement. J'ai vingt de mes amis qui ont, pour leur compte, une prétention toute semblable, et qui croient même à ce qu'ils disent... ce qui est plus fort. Mais celui dont il est question se faisait mieux croire que tous les autres, quand il parlait de son bonheur. Si j'avais su peindre sous la dictée comme je sais y écrire, nous aurions un portrait de plus, et nous pourrions juger si l'ensemble répondait aux détails... Un portrait, relique précieuse pour celui qui aime ! — Mais, bah ! tout portrait est un mensonge ou une impuissance ; et, comme souvenir, j'aimerais mieux de ma maîtresse ce que ce mauvais plaisant de Bonaparte osa léguer à sa mère en plein testament.

LXX

Oui, les peintres ont menti par la gorge, la main, la couleur et la pensée, quand ils s'imaginent retracer les traits adorés par nous, et que, nous, nous avons la lâcheté de le souffrir ! Fussent-ils Raphaël lui-même, — ce chaste Raphaël qui mourut dans le lit infect d'une courtisane, mais dont la pensée ne posa jamais le bout de son blanc pied d'ange là où il n'eut pas honte d'appuyer ses lèvres enivrées, — ils ne seraient pas dignes de retracer celle dont l'image a d'un regard — d'un seul regard — passé indélébile dans nos cœurs, ces voiles de sainte Véronique, mais sur lesquels le sang qui peint la tête adorée est le nôtre, et non pas le sien.

LXXI

Sans doute, l'ami que je vous ai cité, madame, pensait ainsi sur le néant de ces bijoux que l'amour quelquefois échange et sur lesquels il pleure l'absence, quand il n'a pas le triste courage de les briser. L'image sacrée reposait dans sa poitrine, et non dessus... au bout d'un ruban qui s'usait. Seulement, par je ne sais quelle tendre inconséquence encore, il avait peint lui-même un trait, un seul trait de sa maîtresse, et du moins il y avait dans cette idée tout un divin mystère de l'âme qui faisait pardonner l'exigence des sens abusés.

LXXII

C'était un œil, — gauche ou droit, je ne saurais le dire, — mais c'était un œil bleu pâle comme de la violette de Parme, et lumineux comme de la rosée ; étincelant et mélancolique comme une étoile, mais comme celle d'Hespérus, dans un ciel où elle est seule encore ! Astre doux et bon qui se laissait regarder dans l'auréole de ses cils d'or sans vous en punir par une larme, soleil d'avril qui semblait sortir d'un horizon de tempêtes ; car le contour de cet œil si frais et si pur était plongé dans une sombre nuit.

LXXIII

Et je comprends cette fantaisie ! — Pascal, — ce loup-cervier du jansénisme, qui mit à sang toutes les pensées humaines dans le crin de son cilice, — Pascal ne demande-t-il pas quelque part si c'est le nez ou les oreilles que nous aimons dans la femme aimée ?... Aimer l'œil de sa maîtresse, c'est aimer la pensée elle-même, — une pensée épanouie en une fleur charmante et éclairée d'un jour divin, — une pensée qui languit ou sourit, mais toujours attire, — et nous repousse aussi parfois,

LXXIV

Les jours de migraine. — ou de caprices, pires encore. — Mais étaient-ce les yeux de Joséphine qu'Aloys eût fait peindre sur sa bonbonnière, ou son front bombé, ou sa lèvre incessamment mordue par une dent taquine, ou quelque chose de plus voluptueux encore? — L'autre jour, j'ai été foudroyé, madame, par le pli en losange d'une robe de satin.

LXXV.

Je ne sais pas ce que cette maudite robe recouvrait. — Quand j'aurais pu le savoir, je ne l'aurais pas voulu... mais ce pli, froncé par le diable lui-même !... Cette robe était de la couleur tendre et sérieuse qu'on appelle *manteau de La Vallière*, et, soit la superstition de ce nom d'un charme si doux de mélancolie, soit une impression plus brûlante, je m'arrêtai devant celle qui portait avec une mollesse si traînante les couleurs de la carmélite, et je vis ce que je ne dois pas me rappeler.

LXXVI

Revenons plutôt à notre histoire, madame. Si c'était vous, je rêve de vous encore ; — mais vous, vous m'aurez oublié ; il vaut donc mieux revenir à Aloys. Aloys s'était juré à lui-même de ne jamais parler de son amour à Joséphine, et c'était un garçon bien assez maître de ses nerfs pour se tenir la parole qu'il s'était donnée, comme s'il avait été un autre que lui. Je suis persuadé que vous ne vous souciez guère d'Aloys, madame ? On ne sait jamais où l'on en est avec des hommes pareils, et les femmes, ces naïves personnes, aiment immensément l'abandon... dans les autres.

LXXVII

« Du moins, » — se disait mon héros, — « je ne
« serai point trompé par elle. Elle ne jouera pas
« avec mon cœur, la gracieuse chatte, comme
« avec un peloton de fil ! Et si un jour elle en
« trompe un autre, elle ne montrera pas mes let-
« tres, mes cheveux ou la tristesse de mon front
« comme un trophée d'armes. Je veux briser
« comme du verre sa vanité sous mon orgueil. »

LXXVIII

« Je veux briser ! » Et il était brisé lui-même de la résolution stoïque qu'il prenait ; mais, indomptable dans ses brisures, il n'était pas abattu. Comme Diogène, qui se roulait dans le sable ardent, sous le ciel le plus dévorant de l'été, il s'exposait sans sourciller à toutes les amertumes d'une passion comprimée. Il se regardait, impassible, brûler le cœur, comme Scœvola se regardait brûler la main. Souffrir, pour lui, c'était vivre, c'était remplir sa vocation d'homme. — Il aurait eu des chevaux de poste pour fuir la douleur, qu'il eût refusé de les monter !

LXXIX

Partout où il rencontrait Joséphine, et il la rencontrait partout, il montrait la coquetterie d'esprit qu'il avait avec toutes les femmes. Il croyait l'avoir pénétrée, — amère science, coup d'œil qu'on paie cher! — mais il restait impénétrable. Il lui adressait les mêmes flatteries avec une voix tout aussi légère qu'aux femmes les plus indifférentes. Il aurait été impossible d'apercevoir à travers ses manières que cette femme fût pour lui autre chose... qu'une jolie chose, tout au plus. — Cependant, j'observai qu'il était toujours un peu plus pâle auprès d'elle; — mais la différence était imperceptible.

LXXX

Pâle sur pâle, — signe des natures passionnées quand elles souffrent ou jouissent. Car alors le sang se retire au cœur comme un fleuve qui remonte à sa source. Hélas ! Joséphine n'avait point le secret de cette pâleur, flocon épars, tombé du matin même sur la neige d'hier un peu durcie, et que le moindre souffle emportait !

LXXXI

Elle aimait — qui peut dire pourquoi? — à causer de longues heures avec Aloys, et pourtant elle sortait toujours de ces interminables causeries mécontente d'elle et de lui. — Certainement il n'avait pas dit un mot qui ne fût convenable. Louis XIV, ce roi du convenable, ne l'était pas plus qu'Aloys. Eh! mon Dieu, c'était peut-être justement pour cela qu'elle était mécontente. S'il avait été entraîné à quelque moment; si la pensée trop à l'étroit avait crevé la parole, — eût-ce été pour laisser passer une impertinence : elle était habile, elle était souple, elle avait de l'ongle, elle était femme, elle en aurait pris avantage; tandis qu'il fallait subir tout entière la supériorité d'Aloys.

LXXXII

N'était-ce pas bien dur, cela, madame ? Aloys avait la sérénité d'un sage. Un sage est fort impatientant ! Il avait la sérénité d'un sage, mais d'un sage dont on ne riait pas ; car au fond de cette sagesse il y avait la puissance. Cela ne se voyait pas, mais cela se sentait. Aussi, après une de ces conversations — irréprochables — Joséphine rentrait-elle fatiguée, brisée, anéantie, la tiède sueur au front, les nerfs agacés ! — car toujours Aloys l'avait amenée à en dire beaucoup plus long qu'elle n'aurait voulu. — En vain se promettait-elle de se raidir à la première occasion, la conversation d'Aloys ressemblait aux montagnes russes : une fois parti, on ne pouvait plus s'arrêter.

LXXXIII

« M'aime-t-il ? » se demandait-elle, en se souriant en enfant gâtée dans sa glace. La glace disait oui, mais la vanité doutait encore. Pour la première fois de sa vie, la vanité, cette glace flatteuse, lui semblait de moins belle eau que celle de son boudoir. Elle tremblait en s'y regardant.

« Je le saurai bientôt, » reprenait-elle. — Charmante rêveuse ! le coude appuyé sur le marbre de la cheminée, on aurait dit une pauvre jeune femme amoureuse. — « Prenez donc garde, Fanny, vous allez casser les cordons de mon corset !.. »

LXXXIV

« Je le saurai demain ! » et l'éternel demain ne venait jamais. Tout l'hiver se passa ainsi. Il n'y eut pas une seule de ces magnifiques et imperceptibles ruses féminines, employées depuis Ève jusqu'à la marquise du V..., dont elle ne se servît pour savoir si Aloys l'aimait ; mais, hélas ! ce fut inutile. Elle alla même jusqu'aux coquetteries, — mais aux coquetteries vertueuses, avec M. Baudouin d'Artinel.

LXXXV

Quant à elle, elle éprouvait peut-être la seule espèce de sentiment dont elle fût susceptible : une curiosité âcre, brûlante, stimulée sans cesse ; — et sans doute, dans ces conversations si longues et si pleines de la métaphysique du cœur, dans l'ivresse des fleurs, des bougies, de la musique et de la danse, elle trouvait de ces moments à sensations singulières dont parlait Ninon de Lenclos, et que les hommes sont si malheureux d'ignorer.

LXXXVI

Émotion vive, sans nom et bientôt passée ! toute semblable à l'écume rosée et légère d'une bouteille de bourgogne mousseux frappé de glace. — Elle n'avait point été pétrie d'une brûlante poussière ; — et j'ai plus de lave à ma pipe qu'il n'en entrait dans la composition de toute sa personne.

LXXXVII

Un jour, c'était au mois de mai, le 17 de mai (j'aime les dates dans les histoires de cœur : elles ressemblent à de petits bâtons d'ivoire sur lesquels les souvenirs — ces bouvreuils à la poitrine sanglante — viennent plus commodément percher), Aloys avait passé toute la journée à la campagne. Le corps, chez cet élégant stoïcien, était moins robuste que l'âme. A force de souffrir moralement, il avait gagné une gastrite, un commencement de pulmonie et une inflammation du cerveau, légère encore, il est vrai, mais qui pouvait s'aggraver — aimable espérance ! — Son médecin l'avait mis à la gomme, aux sangsues et au lait d'ânesse.

LXXXVIII

Il était allé passer quelques jours, à la première floraison des roses, au château de madame de Dorff, la grande amie de Joséphine, une de ces bonnes amies... comme il est doux et consolant d'en avoir *une* quand on est femme, car il est rare d'en avoir deux, — une de ces liaisons qui consolent et qui vengent de la perfidie des hommes; — quoique les mauvaises langues prétendent que deux femmes ne sauraient s'aimer.

LXXXIX

Et cette damnée opinion, je l'avais autrefois, madame. — J'avais remarqué le regard que deux femmes se jettent quand elles se rencontrent pour la première fois, soit dans un salon, soit au spectacle, soit même à l'église... et, franchement, ce diable de regard me confirmait dans ma détestable croyance ; mais ce jugement trop précipité a fait place à une appréciation plus saine et plus juste des choses, quand j'ai vu une femme sacrifier héroïquement son amant à son amie, — il est vrai qu'elle en prenait un autre, — et une institutrice vouloir faire épouser à son élève le sien — dont elle ne voulait plus.

XC

Ô amitié ! amitié ! sentiment des anges entre eux, essayé par les hommes ici-bas, — il est vrai que je préfère une douillette ouatée pour l'hiver, — ô amitié ! tu n'en es pas moins le plus spirituel mouvement du cœur, la plus noble aspiration de la pensée ! Je ne sais plus quel sculpteur, pour exprimer la divine essence, représenta deux beaux enfants nus — un garçon et une fille — qui s'embrassaient saintement sur la bouche. Idée hardie que J.-J. Rousseau — le plus plat des laquais — osait appeler une obscénité. Ah ! c'était deux jeunes filles qu'il fallait sculpter ainsi pour t'exprimer, ô amitié ! mais peut-être quelqu'un trouverait-il que c'est là un non-sens plus qu'une obscénité encore.

XCI

Madame de Dorff était donc l'amie de Joséphine, — une amie bien rare, comme dit ma grand'-mère, en parlant de la millième qu'elle ait eue. Madame de Dorff n'était plus jeune ; elle mettait du rouge comme Jézabel : Joséphine pouvait donc l'aimer. Si nous avions été au dix-huitième siècle, Joséphine, l'énigmatique Joséphine, dont les rubans étaient toujours frais et venaient nous ne savons d'où, aurait peut-être été la mademoiselle Aïssé de madame de Dorff, tandis qu'elle n'était que sa *chère belle,* titre officiel sans grande valeur. madame de Dorff prenait avec elle ces airs maternels de patronnesse, si chers aux femmes sur le retour. Si elle avait connu la passion d'Aloys pour Joséphine, elle lui aurait dit sans nul doute : « Je vous remercie de l'aimer. » Mot historique que j'ai entendu dire par une de ces amies qui répètent : « Pauvre enfant, comme elle se compromet ! » à un homme qui se mourait d'une passion sublime.

XCII

Or, Aloys retournait à Paris. Au moment où il allait partir : « Monsieur de Synarose, » — dit madame de Dorff, avec cette assurance aristocratique qui ne craint point un refus, cet aplomb de femme bien née qui impose un désir comme une loi, même à un indifférent, — « si j'osais, je vous prierais de remettre ce flacon à madame d'Alcy. J'étais si souffrante dans ma visite d'adieu que je l'emportai. Voulez-vous la remercier pour moi et lui dire que je suis tout à fait bien à présent ?... »

XCIII

C'était la première fois que l'occasion se présentait pour Aloys de voir madame d'Alcy chez elle. Elle n'y recevait pas d'homme. Retraite mystérieuse où un pied botté ne pénétrait jamais, son boudoir ne s'ouvrait qu'aux femmes : car elle était trop jeune et dans une position trop délicate, puisqu'elle n'avait pas de mari et ne se réclamait d'aucun parent, pour voir chez elle plus que quelques jeunes femmes et beaucoup de ces respectables douairières qui plastronnent si bien une réputation contre les coups de la médisance, et qui s'occupent encore des plaisirs des jeunes gens — mais d'une façon orthodoxe — en leur faisant faire de bons mariages.

XCIV

Aloys prit le flacon des mains de madame de Dorff, — un charmant flacon d'agathe, obscur comme la pensée d'une femme ; mais qui exhalait, sous son bouchon d'or ciselé, une vague odeur d'essence de verveine, cette plante magique et sacrée dont les sorcières se couronnaient le front autrefois. — Les sorcières d'à présent ne la portent plus que dans leurs flacons. — Aloys promit qu'il remettrait le flacon à madame d'Alcy, le même soir.

XCV.

Il y alla. Elle était seule. — Il aurait mieux aimé la voir flanquée de quelques-unes de ces vertus à chevrons dont elle était ordinairement entourée ; — mais elle était seule, et ce n'était pas le moment de montrer l'embarras vulgaire des dix premières minutes d'un tel tête-à-tête avec la femme que l'on aime. Il ne voulait pas perdre l'équilibre de sa fatuité, fût-ce sur le tapis ou sur le canapé de madame d'Alcy.

XCVI.

Elle était languissamment assise sur une espèce de divan très bas, une espèce de meuble oriental qui lui rappelait l'existence des odalisques, au sein de sa chaste solitude. Elle était languissamment assise, — oisive et probablement ennuyée d'être seule depuis si longtemps. Attendait-elle ? Le diable seul pouvait le savoir. Sa robe (car la robe fait partie de la personnalité d'une femme, et je n'ai jamais pu les séparer), sa robe était d'une couleur indécise, — une nuance un peu hermaphrodite, entre le gris et le lilas. On aurait dit un nuage capricieux tissé pour elle, une de ces vapeurs d'un soir de printemps, derrière lesquelles on imagine les plus délicieux horizons.

XCVII

Mais je n'ai jamais su décrire et je glisse sur tous ces détails. Elle était donc oisive et languissante. Pourquoi languissait-elle ? elle ne le savait pas ; mais c'était une pose, et lady Hamilton elle-même n'avait pas plus l'art des poses que Joséphine. — Il est vrai que ses études sur l'antique avaient été moins profondes ; et quant à celles sur le nu, personne ne pouvait en parler. — Il était impossible d'avoir l'air plus pensif. — J'adore ces fronts inclinés où toujours flotte l'ombre de quelque chose, — rêverie qui passe, revient ou demeure, comme l'image d'un saule pleureur sur l'eau. — Ce soir-là, elle avait l'air encore plus pensif qu'à l'ordinaire. Je le crois bien, c'était une femme qui pensait toujours... à avoir l'air de penser.

XCVIII

Aloys — la poitrine saboulée par les palpitations de son cœur, en se trouvant seul avec cette femme, — remit à Joséphine, d'une main ferme, le flacon dont l'avait chargé madame de Dorff. — Puis commença une causerie qui, à la troisième phrase, comme il arrivait perpétuellement entre eux, tourna tout à coup sur les mystères ou les mysticités du sentiment.

XCIX

C'est plus dangereux que de marcher sur la pointe des clochers, ces conversations! Elles ont fait plus de Françoises de Rimini que les plus tendres livres du monde, lus en tête-à-tête avec un beau jeune homme. C'est le Poul-Serrho de bien des innocences. — Aloys y fut admirable d'empire sur lui-même, car il sentit que jamais il ne l'avait aimée davantage. Ah! s'il avait pu toucher Joséphine d'une baguette et l'endormir sur son divan, quels baisers fous il eût répandus sur ce front à la molle courbure, sur le vélin de ce teint mat et dans ses lèvres entr'ouvertes, — calice de rose un peu jauni, mais si suave encore!!! — Mais la baguette magique d'Aloys était un esprit merveilleux, qui faisait tout le contraire d'endormir les gens qu'il touchait.

C

Son orgueil lui disait bien un peu que, s'il voulait oser, l'audace réussirait peut-être. Il avait l'opinion hautaine que qui veut une femme l'a toujours. — Opinion qui touche, il faut le dire, à l'insolence, et que toutes les femmes ne pardonnent guère, apparemment parce qu'une telle impertinence les met dans la nécessité de résister.

CI

Mais il ne *voulait* pas, — car il la méprisait. — Et cependant, il avait soif, et le lac lui coulait au bord des lèvres. Il éprouvait le désir aux mains rapaces qui nous ferait serrer, à ce qu'il semble, contre nos seins de chair, les étoiles du ciel les plus lointaines. Eh bien! il avait mis à ce désir les menottes de sa volonté... Joséphine ne se douta pas une minute de ses tortures. — Quoi qu'il en soit, qui peut dire que la force spartiate d'Aloys n'aurait pas succombé, si le tête-à-tête avait duré plus longtemps? Quand il se leva, il était plus fatigué que madame de Staël d'un hiver de conversations.

CII

Certainement il n'était pas au bas de l'escalier que Joséphine repoussait avec dépit le tabouret de velours blanc sur lequel elle avait étalé son pied dans tous les sens, pendant qu'Aloys était resté là. Chose difficile à digérer! Elle avait la conscience de l'habileté et de l'inutilité de ses manœuvres, et voilà qu'Aloys continuait d'échapper à toutes ces embûches si bien dressées et d'une combinaison si parfaite! Le désappointement fut si grand et si profondément senti, qu'après réflexion elle songea à risquer une lettre, — cette première imprudence de la passion, *cet abîme qui invoque tous les autres,* comme dit la Bible.

CIII

Car il vaut mieux donner sa personne que d'écrire; et, par Jupiter! madame, ceci n'est point un paradoxe comme ceux que je soutiens parfois. J'aime le paradoxe, il est vrai; ma naissance elle-même en fut un, ma mère m'ayant introduit dans le monde le jour où l'on célèbre la fête de tous ceux qui en sont partis, — fête d'héritiers où nous semblons dire aux pauvres morts, s'ils nous écoutent : « Tenez-vous où vous êtes, agréez nos sentiments et restez-y! »

CIV

Mais ce n'est point un paradoxe : c'est une vérité triviale, vulgaire, usée — si la vérité n'était pas aussi éternelle que ceux à qui nous devons des rentes viagères — et mise à la portée de tous. Une lettre est une chose éminemment compromettante, une espèce d'état de service qui constate certains faits qu'il vaudrait bien mieux oublier. Du moins, quand on a relevé les boucles de ses cheveux un peu défaites et donné un coup d'œil à la garniture de sa robe, qui a droit de douter d'une vertu dont les épingles sont si bien attachées ? Mais une lettre, une mince lettre de papier diaphane, griffonnée d'une écriture jolie et imperceptible comme la patte du colibri, est une base assez solide aux indiscrétions d'un sot et aux prétentions d'un impertinent.

CV

Et que la lettre soit signée ou non, qu'importe? — Ne pas signer est une lâcheté inutile. — Justice de Dieu ou malice du diable! il n'y a point une virgule qui n'accuse la main qui la traça. Pauvres femmes, vous mettez dans le mot le plus innocent, écrit par vous, toutes les lettres de votre nom. — Eh bien! cette terrible glissade dans son système de conduite, Joséphine fut sur le point de la risquer. Je crois même qu'elle ouvrit son pupitre; mais elle le referma avec l'effroi de Pandore quand elle vit tous les maux s'échapper de sa boîte à ouvrage. — A elle, ce n'était pas l'Espérance; mais la réputation qui restait.

CVI

Une voix s'était élevée dans son âme, la voix de la conservation de soi-même, — et qui avait pris alors l'accent nazillard de la vieille comtesse de Fiercy : « Faites la guerre, » — disait-elle ; — « mais ne donnez jamais d'otages. » — « Oh ! j'allais me perdre ! » s'écria Joséphine, — mais pas de manière à être entendue, — et ce jour-là elle se mit au lit avec le frisson.

CVII

Or, savez-vous, madame, ce que *se perdre* signifiait dans le vocabulaire de la moralité de Joséphine? Se perdre équivalait à ne pouvoir trouver de mari. Quoiqu'on puisse rencontrer encore de ces candides natures d'honnêtes hommes qui épousent, sans trop se faire prier, des femmes d'une réputation épistolaire — ou autre — fort étendue, ce n'est pas moins une témérité que de compter sur de telles bonnes fortunes, et un esprit mûri par l'expérience se garde bien de voir l'humanité trop en beau.

CVIII

Sans cela, madame, nous aurions une lettre de plus ! — Une lettre comme celles que j'ai eu le bonheur de lire, il y a quelques jours, quoiqu'elles fussent adressées à un plus heureux que moi, — véritable modèle de civilisation et d'aristocratie, où le mot *amour* n'avait pas été tracé une seule fois, mais où l'on parlait d'une irrésistible puissance nerveuse, pour expliquer certains abandons de soi-même.

CIX

Les femmes sont des êtres tellement inexplicables, sous la transparence de leur peau et de leurs regards elles cachent une telle masse de ténèbres, que Joséphine bouda presque Aloys la première fois qu'elle le rencontra dans le monde après sa visite ; mais lui, qui voulait la punir des contradictions de son dépit, déploya de si grandes magnificences d'amabilité que la boudeuse fut bientôt vaincue. — Le sourire revint à ses lèvres ; la parole n'en était jamais exilée pour longtemps. — Quand il la vit aussi douce et aussi souriante qu'à l'ordinaire, Aloys pirouetta sur son talon et ne l'approcha plus de tout le soir.

CX.

Elle en devint de toutes les couleurs de l'arc-en-ciel, mais plus foncées. — Au fait, cet homme était le diable en personne, ou il avait emprunté au démon ses moqueuses manières. Ah ! — pensait-elle, — si elle l'avait tenu à ses genoux, quelles larmes de vengeance elle en eût tirées ! quels pleurs cruels elle lui eût fait répandre !... Oui, si elle l'avait tenu à ses genoux ; mais le difficile était de l'y faire tomber.

CXI

— Du reste, madame, si l'Ange aux joues de rose que Shakespeare appelle la Patience abandonnait cette femme, dont la beauté de blonde commençait à filer un peu, la Vanité pâle, qui n'est pas un ange, s'attachait à elle plus fort que jamais. Dieu est patient, parce qu'il est éternel, disent les Saints Livres. Elle n'était point patiente, parce qu'elle n'était pas éternelle ; aussi, tout en déchirant le bout de ses gants de dépit, et en mordillant sa lèvre un peu davantage, elle se disait orgueilleusement : « Si je voulais pourtant ! » Puis, elle s'arrêtait terrifiée par la grandeur du sacrifice ; car il aurait fallu exposer sa réputation, — le plus précieux joyau d'un écrin qui ne renfermait pas, il est vrai, tous les diamants de la couronne, — et elle était encore plus préoccupée d'une position que d'une vengeance.

CXII

Une position, — un mariage, — idées identiques pour une femme, puisque les hommes l'ont voulu ainsi. Oh! ne la blâmez pas de cette ambition, la seule que vous ayez laissée aux femmes, hommes dont l'égoïsme de lion a tout pris! Puisque vous achetez de la meilleure monnaie de vos poches... ou de votre âme, des places, des cordons, la députation, un ministère, pourquoi interdiriez-vous à la femme l'achat moral d'un mari, quand l'achat matériel n'est pas possible? Pourquoi interdiriez-vous aux pauvres femmes cette dernière ressource, en attendant leur émancipation définitive, ce qui ne peut manquer d'arriver, au train charmant dont nous allons?

CXIII

Quand, au lieu de vivre modestes, pures, retirées, rougissantes, dans le saint abri du gynécée, elles se mêlent aux hommes, comme des femelles à la croupe frissonnante et aux naseaux fumants des appels d'une volupté grossière! Quand, ingrates envers Dieu qui les fit si belles et s'aveuglant sur leur puissance, elles préfèrent la vanité d'écrire au substantiel bien d'être aimées, et souillent d'encre des mains divines pour prouver à leurs contemporains la légitimité de l'adultère!

CXIV

Mais je crois que l'indignation m'emportait... Vous souriez, madame, et je reviens à mon histoire. Joséphine n'était, elle, malgré les affectations modernes de son langage et de ses poses, qu'une femme affectée et rien de plus. Elle avait les coquetteries d'une femme, les ambitions d'une femme, mais en avait-elle les tendresses? Quoi qu'il en pût être, — et pour rester dans le vrai, — ce n'était qu'une innocente enfant, une perfection, une petite fille de douze ans qui venait de faire sa première communion le matin même, en comparaison de ces femmes comme j'en connais et que les hommes — aussi lâches qu'elles sont impudentes — ne renvoient pas faire leurs compotes.

CXV

Hélas! madame, cette pauvre perfection était terriblement embarrassée! Elle allait et venait entre deux pensées, l'une de désir et l'autre d'épouvante; elle s'agitait entre la peur d'être compromise et le désir de plier Aloys à son caprice; mais il était impossible qu'elle restât beaucoup de temps encore dans une fluctuation si cruelle. C'était là pour sa rêverie un hamac qui n'était pas de soie, et dont les balancements ne produisaient pas le sommeil. Cette indécision devint trop violente. Aussi la vanité l'emporta-t-elle, et finit-elle par jouer son va-tout.

CXVI

Elle joua son va-tout. — Oui, madame, — intrépidement, comme Masséna, enfermé dans la presqu'île du Danube. Mais, avant de le jouer, elle mit de son côté toutes les chances de succès, et l'on peut dire que son adresse surpassa très fémininement sa bravoure ; ce fut une indescriptible tactique, un plan merveilleusement et subitement combiné. Il n'y a point de *Mémoires de Torcy* pour une telle politique. Si Joséphine avait pu l'écrire, — et peut-être que la première femme venue réparerait très bien cet oubli, — nous aurions un traité de la *Princesse,* en comparaison duquel le traité du *Prince* serait une niaiserie d'écolier.

CXVII

Voilà donc à quoi elle songeait, cette créature qu'on croyait frivole, avec ses airs évaporés, ses vagues regards et ses cascatelles de paroles qui tourbillonnaient dans les oreilles de tous ceux qui avaient la patience de les écouter. Elle coquetait et caquetait. Elle coquetait et caquetait avec nous tous, avec Aloys, avec M. Baudouin d'Artinel... et le temps se passait ainsi! Et nous pensions, nous les fortes têtes, nous qui nous imaginions tout savoir de l'inextricable nature des femmes, que madame d'Alcy n'était, après tout, qu'une poupée à ramage, montée sur ressort pour glisser mieux sur le parquet d'un salon.

CXVIII

A toujours attendre, toujours attendre, le mois d'août était arrivé. C'est un mois où les nuits sont si belles, si pleines du baume de toutes les fleurs, qu'au sein même des villes — ces bassins de marbre comblés d'immondices — ces belles nuits d'août ont un charme et un parfum encore. La lune alors, cette douce âme du ciel, semble répandre plus de lumière que dans les autres mois de l'année; elle paraît jeter à tous les objets une écume argentée et les franger d'une nacre humide.

CXIX

Une nuit pareille (il était plus de onze heures et demie), une nuit pareille, — avait-elle été choisie à dessein ? — la porte vitrée du balcon de la rue de Rivoli se trouvait entr'ouverte. Le balcon était désert; mais, si l'on eût eu des yeux assez perçants pour distinguer à travers le vitrage, on eût vu deux personnes, assises l'une à côté de l'autre, dans l'appartement presque obscur, — où la lampe qui mourait semblait, par sa lueur indécise, vouloir se mettre au niveau des faiblesses qu'elle était destinée à éclairer... Ces deux personnes avaient le dos tourné à la lampe... Étaient-ce deux amants, oubliant le monde et la vie dans quelque rêverie nonchalante, pleine de sourires et de baisers ? La lune penchait curieusement son visage sur les sombres massifs des Tuileries, comme si son Endymion, cette nuit-là, en avait cherché le mystère.

CXX

C'était une nuit délicieuse avec ses paillettes d'étoiles, — une nuit ravissante comme ces visages de femmes qu'on n'a vus qu'une fois — peut-être en rêve — et qui restent dans nos souvenirs ; — une de ces nuits qu'on n'oublie pas non plus, pour peu qu'on l'ait passée avec le Dieu de son âme ou... sa maîtresse — ce qui est souvent la même chose ; — car le visage aimé est seul digne de recueillir ces lueurs saintes qui font doucement étinceler l'empreinte des baisers restée aux joues... si bien que l'on dirait des perles ou des larmes.

CXXI

Des larmes, qui ne furent point pleurées, mais que la bouche a versées dans une molle ivresse. Car, aux moments du bonheur comme à ceux de l'agonie, le sang de nos cœurs ne se retrouve-t-il pas toujours? Ah! soyons heureux bien vite! Hâtons-nous, fragiles créatures que nous sommes, hâtons-nous de résoudre en une rosée de baisers ce flot du cœur qui doit monter plus haut que la bouche, et qui tarira en pleurs amers!

CXXII

Mais il n'en était point ainsi pour eux... C'étaient Aloys et Joséphine. Aloys, qui recevait, comme un déluge de tuantes émotions, les impressions de cette soirée de lumière veloutée, de repos et de mystère . . . .
. . . .

Il avait bien de l'esprit encore; de l'esprit à faire croire à madame Joséphine qu'il était aussi calme que le ciel d'alors et aussi glacé que la rosée qui glissait aux vitres. Seulement, de souffrances intimes, de peine à dompter sa pensée, cet esprit, ordinairement d'une flamme si vive et d'un coloris si ardent, n'avait plus que d'éparses lueurs, — comme quelques feux de bivouac solitaire éparpillés sur la lisière d'un camp dans la nuit.

CXXIII

Il n'en pouvait plus, d'une volupté furieuse et amère, et il était si près d'elle qu'il sentait la moiteur de son épaule contre la sienne. — Oh! ne restez jamais ainsi, vous qui voulez conserver inébranlables vos résolutions de sagesse prises le matin même! — Elle avait grasseyé, avec beaucoup d'art et de charme, toute la soirée. Elle avait même posé ses mains sur les siennes avec un abandon parfaitement joué, et, pour un homme aussi purement amoureux qu'Aloys, elle avait fait davantage encore... elle l'avait appelé deux ou trois fois *Aloys*.

CXXIV

« Quant aux soupirs — de ces soupirs galathéens que l'on réprime et qu'on désire être entendus — et quant aux regards de colombe mourante, elle les sema sans les compter. C'était bien le moins qu'elle pût faire : aussi je n'en parlerai pas. Elle était allée aussi loin que femme peut aller, sans être une madame Putiphar qui prend le manteau en désespoir de cause... Et, par l'âme de mon grand-père ! elle était jolie, sous ce demi-jour de la lune, mille fois plus qu'au jour faux de ces bougies à la lumière desquelles Aloys l'avait contemplée jusque-là.

CXXV

Et puis, hasard, caprice ou combinaison encore, elle avait enlevé son peigne et ses cheveux lui tombaient sur le dos. Elle ressemblait à une Marie-Madeleine. — Mais non, pourtant, elle n'avait l'air ni si tendre ni si repentie. Pardonne-moi, âme trop vive, fille abusée, pâle troène que le Christ ne rejeta point de son sein avant de marcher au supplice, pardonne-moi de te comparer Joséphine ! Le marbre de Canova est plus toi que cette fille du monde, à laquelle le monde n'avait rien à reprocher comme à toi. Ce marbre exprime cent fois plus d'âme que madame d'Alcy n'en avait.

CXXVI

Mais l'aurait-on dit ce soir-là? Personne ne l'aurait dit, sans doute, personne... excepté Aloys. O femmes! il est donc des yeux d'aigle que vous ne pouvez crever avec vos poinçons! Le regard d'Aloys accusait une passion profonde, un enivrement formidable; mais son sourire était railleur, — railleur de la raillerie de Gœthe, quand il écrivait ses plus beaux vers. — Se moquait-il d'elle ou de lui?... Il dépensait, en efforts et en désirs étouffés, dix ans de sa vie auprès d'elle. Aimait-il ce cruel jeu? Y aurait-il la volupté de la torture, comme il y a la volupté de la volupté? Courageux jeune homme! il avait riposté par un *Madame*, quand elle l'avait appelé *Aloys*.

CXXVII

« Malgré le charme d'une pareille causerie, » dit-il en se levant, — et il chancelait, — « je vous demanderai, madame, la permission de me retirer. » — « Déjà ! » s'écria-t-elle, — et vraiment elle était émue, car il demeurait le plus fort, et toutes ces petites mines — déperdition de grimaces charmantes — aboutissaient à un résultat négatif dont elle était intérieurement humiliée. — « Il sera minuit tout à l'heure, » dit Aloys en regardant la pendule. Et il salua et sortit. — Si c'était là une fuite, avouez, madame, que c'était celle d'un Numide ! Il sortit avec la satisfaction de l'orgueil d'un homme, bâton noueux arraché aux chênes, et sur lequel on s'appuie si noblement quand on défaille : « Cette femme s'est offerte, et moi, je n'en ai pas voulu ! »

CXXVIII

Oui, elle s'était offerte... pour se refuser peut-être ; mais elle s'était offerte (car il y a certains manèges qui ont la signification de la parole), comme toutes ces coquettes jusqu'au buste qui aiment à faire éprouver le supplice de Tantale aux pauvres diables qui ont l'aberration de les aimer. — Elle resta immobile, quand il fut parti, ses yeux fixés sur la porte, pendant qu'une larme — plus froide que du poison — lui coula sur la joue encore animée ; larme de dépit, de vanité, de courroux, qui sécha avant d'arriver à la bouche. Hélas! si la bouche l'avait bue, elle l'aurait trouvée si amère que Joséphine peut-être eût été guérie de la douleur honteuse qui la faisait couler. Ne dit-on pas que l'on guérit de la morsure du scorpion en l'écrasant sur la blessure?

CXXIX

Le lendemain, elle fut plus tourbillonnante que jamais chez madame de Dorff. Je crus qu'elle se mordit plus fortement la lèvre quand elle aperçut Aloys; mais c'était chez elle une telle habitude qu'on ne pouvait rien en induire. Elle lui parla avec une bienveillance plus marquée que jamais. Elle montra enfin, pour cacher ce qu'elle éprouvait, l'élasticité merveilleuse que je lui avais toujours supposée : don céleste qui n'a pas été fait aux femmes en vain, et dont elles devraient vous remercier tous les soirs à genoux, ô mon Dieu !

CXXX

» Elle quitta la soirée de bonne heure. Nous remarquâmes que l'honorable M. d'Artinel ne tarda pas à disparaître de l'horizon lorsque son étoile eut filé. Depuis longtemps, sa jalousie (si jalousie il y avait dans une poitrine beaucoup plus exposée, à ce qu'il semblait, à un asthme) s'était évanouie. Joséphine l'avait-elle rassuré?... Mais il avait l'ineffable délicatesse de la discrétion, et nous ne pouvons parler que de nos observations personnelles. — « D'ailleurs, » — disait-il en relevant sa cravate gommée, — « M. de Synarose a de l'esprit, si l'on veut, mais il le gâte par sa fatuité ; et, tant qu'à être fat, ceux de mon temps étaient beaucoup plus dangereux. »

CXXXI

Et après ce jugement, digne d'un homme accoutumé à la jugerie, il se reposait majestueusement en lui-même, — excepté quand Joséphine était là. Alors, il faisait l'empressé auprès d'elle avec la légèreté d'un vieux zéphir ; de plus en plus, ses phrases se gonflaient de larmes et s'interrompaient de soupirs. L'isolement le tuait — c'était sûr — depuis la mort de sa femme, et il sentait plus vivement que jamais qu'avec une âme si pleine de sympathie il avait été créé pour vivre à deux.

CXXXII

Et puis il fallait une tutrice à ses filles — une espèce de mère qui leur apprendrait à se tenir droites et leur ferait un choix de romans. Déjà elles couraient sur la lisière de l'adolescence, époque difficile à traverser. Un amant pouvait arriver d'un jour à l'autre, et il fallait nécessairement leur apprendre quelle mine doivent faire des filles bien élevées à la première déclaration.

CXXXIII

Et toutes ces considérations, sans nul doute, irritaient le goût déjà très vif que M. d'Artinel ressentait pour Joséphine. Elle, qui parlait de vertu, la ferait aimer à ses filles. Elles l'aimeraient au point de ne lui préférer personne. Les gens avisés calculaient donc que M. Baudouin d'Artinel s'approchait d'un second mariage, en proportion de ce qu'il regrettait le premier.

CXXXIV

Je sortis, ce soir-là, un des derniers de chez madame de Dorff. Elle demeurait rue de Castiglione, et je m'en revenais tout songeant comme un joueur en perte, — car j'avais joué et perdu, — par la rue de Rivoli. Il faisait un clair de lune d'une grande amabilité pour les tuteurs, les maris, les voleurs et les poètes, et autres personnages intéressés par état à l'observation nocturne. C'était une nuit transparente et sonore, quoique silencieuse, — la doublure de celle de la veille.

CXXXV

« Est-ce un voleur ou sommes-nous en Espagne ? » me dis-je, en braquant ma lorgnette sur une espèce de corps épais suspendu entre le ciel et le pavé. Je regardai mieux, — je regardai encore. — Une femme se penchait timidement sur la rampe du balcon, et dessinait la plus gracieuse courbe sur l'azur du ciel. — Ce n'était pas la scène charmante de l'adieu, à la venue du jour, comme tu nous l'as montrée, ô Shakespeare !. mais plutôt celle qui dut la précéder. Et franchement, illusion ou perspective favorable, la femme penchée, ô Shakespeare ! était aussi jolie que ta Juliette.

CXXXVI

Ta Juliette ! — Cet amour de mes premiers rêves, — cette créature suave et pourtant terrestre, passionnée comme nous dans un corps plus divin qu'une âme, — pauvre enfant timide et hardie ! — vêtue seulement des jasmins du balcon, au milieu desquels elle apparaissait dans une nudité plus chaste que celle du ciel sans ses nuages, que celle de l'Aurore qui commence à poindre, car l'Aurore se sait nue et rougit... et Juliette l'avait oublié.

CXXXVII

Mais Roméo. Était-ce ton Roméo, ô mon grand Shakespeare ! ou en était-ce une parodie cruelle ? Ah ! le beau Montaigue, c'était vous, M. Baudouin d'Artinel. Je vous reconnus fort bien avec votre dos un peu arrondi ; — mais Platon avait les épaules hautes, et qui n'est pas, d'ailleurs, un peu bossu ?... En montant la poétique échelle de soie verte, vous étiez précieux d'élégance, de souplesse, d'agilité, de grâce ! Que votre gravité vous allait bien ainsi perché dans les airs ! Ah ! pauvres mortels que nous sommes, ayons donc cinquante ans passés et allons juger, après cela !

CXXXVIII

Et il arriva au balcon sans encombre. — Or, — je dois l'avouer ici, madame, — je n'entendis et je ne vis rien de ce qui dut suivre. — La porte vitrée se referma sur l'heureux couple... et la lune alla toujours son train dans le ciel tranquille. Elle ne rougit pas, cette lune impudente, et moi, qui m'étais arrêté pour regarder cette scène singulière, je fis comme elle, j'allai me coucher.

CXXXIX

Le reste... est un impénétrable mystère scellé des sept sceaux de l'Éternel. Mon histoire pourrait, madame, finir à cette porte vitrée ; elle y gagnerait un vague poétique qui lui siérait, une immatérielle auréole ! — Mais je déteste les poètes, et leurs mensonges et leurs réticences. Je les hais pour bien des raisons... mais surtout parce qu'ils nous gâtent la vie de telle sorte qu'elle ne ressemble plus, pour nous, qu'à une courtisane quand notre premier amour s'est envolé.

CXL

Je ne finirai donc point mon histoire en poète. Non, madame, mais je vous ferai boire plutôt le calice de la réalité jusqu'à la lie. La lie, madame, fut le mariage de M. d'Artinel et de Joséphine, qui eut lieu, peu de jours après, à l'Assomption. Nous l'y vîmes jouant, sous son voile de mariée, la pudeur heureuse, et devenant madame d'Artinel. Ce fut un fort joli spectacle. Sans doute elle avait fait comprendre à l'honorable et délicat M. Baudouin d'Artinel qu'il fallait une réparation éclatante, officielle, au tort qu'un entraînement de cœur et une scène de balcon espagnole avaient causé à sa réputation, ce bien qu'elle préférait à tout, après lui, toutefois.

CXLI

Et cela, dit d'une voix *pleine de larmes*, d'une voix de première représentation, n'avait pas manqué d'émotionner l'âme du sensible conseiller. D'ailleurs il devait être fier de cette préférence qu'elle avouait, et qu'elle lui avait prouvée d'une façon si romanesque. A tout prendre, c'était un homme d'une généreuse nature, et une femme compromise par lui, chose bien rare maintenant (non les femmes compromises, mais la manière d'agir avec elles de M. Baudouin d'Artinel), lui semblait un objet sacré. Enfin elle lui avait toujours plu... et c'est ainsi que, après avoir rassemblé tous ses motifs d'être le plus heureux des hommes, il le devint en l'épousant.

CXLII

Ce fut un samedi qu'il l'épousa. La petite église de l'Assomption était pleine, — cette ravissante église qui exprime la vérité dans l'art avec tant d'éloquence et qui, par cela même, était, ma foi, bien digne de recouvrir la vérité des sentiments que Joséphine exprimait alors. Elle était un peu embarrassée... mais une nuance d'embarras ne messied à personne un pareil jour. Elle n'avait plus cette sommité de joue écarlate qu'elle avait toujours quand elle parlait chez madame de Dorff, — mais il est vrai qu'elle ne disait rien. Elle était pâle comme l'était d'ordinaire Aloys, Aloys qu'elle avait aperçu dans la chapelle, et qui, lui, avait perdu de son habituelle pâleur, car il avait envoyé promener sa gastrite, qui peut-être n'y était point allée, et il était rentré dans la vie — mais qui peut dire qu'il en était jamais sorti ? — par les déjeuners de homard, largement arrosés de bordeaux.

CXLIII

Il était rentré dans cette vie que dédaignent les spiritualistes de notre âge et ces femmes d'éther pur qui se pâment en lisant Joubert, mais qui, après tout, est la vraie vie pour ceux qui croient que le mépris de la sensation est un parricide pour la pensée. Comme Shéridan, l'immortel esprit, il trouvait que se griser était une agréable chose quand le cœur faisait par trop mal.

Même au plus fort de son impénétrable amour pour Joséphine, il hantait le café Anglais. Je l'y avais vu souvent, brisé par ces crises muettes des grands cœurs, — combats de taureaux invisibles, — soulever son esprit avec son verre, et y chercher l'oubli entre l'Ivresse et l'Ironie, — deux rieuses bien tristes, nées, la même nuit, du Désespoir.

CXLIV

La veille du mariage de Joséphine, la chronique disait — mais qui peut croire à la chronique ? — qu'on l'y avait vu souper tête-à-tête avec une femme qui n'était pas madame d'Alcy. Madame d'Alcy était un ange à qui tout souper devait naturellement faire horreur, car au dessert une femme est vraie, et, pour des pudeurs comme Joséphine, être vrai, c'est presque être nu. D'ailleurs, ce jour-là, elle ne s'appartenait déjà plus. Elle avait signé le bail de son bonheur le matin même, et, le soir, fait toutes les chatteries en usage chez les belles-mères d'un jour, avec les petites d'Artinel.

[CXLV

Ce n'était donc pas Joséphine ; mais qui diable était-ce, en ce cas?... La chronique ajoutait — mais la chronique est si menteuse ! — que le partner femelle d'Aloys, à ce souper au moins bizarre, ne rappelait en rien madame d'Alcy. Elle n'avait pas, il s'en fallait, ce parfum de vertu aristocratique : ce n'était pas un ange du même ciel. C'était un être inférieur, — malheureusement charmant, — digne du mépris de toutes les femmes ; une espèce de tigresse... pour l'appétit seulement, qui mangeait à belles dents de nacre, et qui, le corset plein du marbre brûlant de la jeunesse, se trouvait assez peu sylphide pour préférer un verre de champagne à de la rosée dans des fleurs ! Ne croyons pas à la chronique, madame. Elle a dit... que n'a-t-elle dit ? Moi, je ne sais pas ce qu'ils purent faire dans ce repas des funérailles, donné avant le dernier soupir de l'amour ; mais ce que je sais bien, c'est qu'Aloys avait le lendemain, à l'Assomption, toute la gravité des circonstances, c'est-à-dire — qu'il était fort gai.

CXLVI

Mais quant à M. d'Artinel, il était sérieux et irréprochable. Il avait la tenue d'usage : il portait un magnifique habit bleu, le second habit de cette couleur qu'il eût jamais porté depuis son premier mariage, car il faut se marier en bleu si l'on veut qu'une union soit heureuse. En cela nous différons des Orientaux, pour qui le bleu est un signe de deuil. Eux, ils le portent quand ils pleurent, et nous lorsque nous nous marions ; — ce qui prouve, disent les philosophes, l'unité de l'esprit humain.

CXLVII

Avec l'habit bleu indispensable, il avait aussi acheté la bague de rigueur, — cette bague qu'on appelle si singulièrement une *alliance*, et qui n'est que le premier anneau de la chaîne qui n'a pas de bout. Cette bague était un vrai chef-d'œuvre. Les noms de M. Baudouin d'Artinel et de Joséphine y étaient mêlés à des dates mystérieuses, si bien que le diable lui-même ne s'en serait pas démêlé. Quand le cercle d'or fut passé au doigt effilé de Joséphine, Aloys, qui regardait fort attentivement la symbolique cérémonie, se pencha vers moi et me dit : « Vous rappelez-vous la bague d'Annibal ?... »

CXLVIII

« Est-il fou? » — pensai-je — « ou bien l'amour, si riche en développements inattendus, l'aurait-il jeté dans les études historiques?... » Mais il ne remarqua point mon étonnement, ou, s'il le vit, il ne s'y arrêta point. « La bague d'Annibal » — poursuivit-il — « avait une pierre, et sous cette pierre, il y avait une goutte de poison. C'est avec cette goutte de poison que se tua Annibal. Eh bien! il y a des bagues sans pierre qui renferment un poison plus subtil que celui d'Annibal, car c'est un poison invisible. Seulement » — ajouta-t-il avec une gaieté parfaite — « ce poison-là ne tue pas les grands hommes, mais une petite chose : il tue l'amour. »

CXLIX

« Je vous en fais mon compliment, » lui dis-je. — Il vit que je l'avais compris, et il ne repoussa point le compliment. — « Oui, vous avez raison, » — repris-je ; — « nous avons tous nos *bagues d'Annibal* dans la vie ; mais ce qu'il y a de plus étrange, c'est que, ces bagues qui nous empoisonnent, ce n'est pas à nos doigts que nous les portons... »

CL.

Joséphine eut donc, madame, une position dans le monde, — plus un mari et trois belles jeunes filles, douces comme les moutons de madame Deshoulières, à tourmenter, — ce qui est, il faut bien l'avouer, un agréable passe-temps lorsqu'on s'ennuie. — Reste d'habitude ou manière d'être aimable avec son mari, elle parle toujours de vertu avec la même abondance, et personne ne lui connaît d'amant encore.

CLI

Je parierais qu'elle n'en aura pas. — Cependant, avec les jeunes femmes qui ont des maris ou des amants jeunes comme elles, elle avoue qu'elle n'a pour M. d'Artinel que de l'estime, et qu'elle l'a épousé par pitié. — Regretterait-elle Aloys ?... J'oubliais de vous dire, madame, qu'Aloys alla à son bal de noces comme il était allé à sa messe de mariage, et qu'il lui demanda l'honneur de la première contredanse, puisque M. d'Artinel ne dansait pas. — Ce jour-là, il avait sans doute avalé le crapaud que Champfort conseille — pour être homme du monde — d'avaler tous les matins avant de sortir de chez soi.

FIN

TABLE

L'AMOUR IMPOSSIBLE

	Pages
Dédicace.	3
Préface.	5

PREMIÈRE PARTIE

I.	Une Marquise au XIXᵉ siècle	9
II.	La première entrevue	26
III.	Maulévrier.	36
IV.	Le portrait.	46
V.	L'aveu.	56
VI.	Les dernières coquetteries	62
VII.	L'intimité.	71

DEUXIÈME PARTIE

		Pages
I.	La Comtesse d'Anglure	87
II.	Patte de velours	102
III.	Les fausses confidences	110
IV.	Le fond de l'abime	119
V.	Explication	135
VI.	L'impénitence finale	145
VII.	La vie	155

LA BAGUE D'ANNIBAL.... 167

FIN DE LA TABLE

Achevé d'imprimer

Le quinze septembre mil huit cent quatre-vingt-quatre

PAR

ALPHONSE LEMERRE

25, RUE DES GRANDS-AUGUSTINS

A PARIS

PETITE BIBLIOTHÈQUE LITTÉRAIRE
(AUTEURS CONTEMPORAINS)

Volumes petit in-12 (format des Elzévirs)
imprimés sur papier vélin teinté
Chaque volume : 5 francs ou 6 francs

Chaque œuvre est ornée d'un portrait gravé à l'eau-forte

ANTHOLOGIE DES POÈTES FRANÇAIS depuis le XVe siècle jusqu'à nos jours. 1 vol.	6 fr.
ANTHOLOGIE DES PROSATEURS FRANÇAIS depuis le XIIe siècle jusqu'à nos jours. 1 vol.	6 fr.
PAUL ARÈNE. *Jean-des-Figues*. 1 vol.	6 fr.
BARBEY D'AUREVILLY. *L'Ensorcelée*. 1 vol.	6 fr.
— — *Une Vieille Maîtresse*. 2 vol.	10 fr.
— — *Le Chevalier des Touches*. 1 v.	6 fr.
— — *Le Prêtre marié*. 2 vol.	10 fr.
— — *Les Diaboliques*. 1 vol.	6 fr.
— — *L'Amour impossible*. — *La Bague d'Annibal*. 1 vol.	6 fr.
6 Eaux-fortes dessinées et gravées par FÉLIX BUHOT, pour illustrer le *Chevalier des Touches*.	10 fr.
7 Eaux-fortes dessinées et gravées par FÉLIX BUHOT, pour illustrer *l'Ensorcelée*.	10 fr.
11 Eaux-fortes dessinées et gravées par FÉLIX BUHOT, pour illustrer *la Vieille Maîtresse*.	15 fr.
LOUIS BOUILHET. *Festons et Astragales*. — *Melænis*. — *Dernières chansons*. 1 vol.	6 fr.
AUGUSTE BRIZEUX. Poésies : *Marie*. — *Télen Arvor*. *Furnez Breiz*. 1 vol.	5 fr.
— — *Les Bretons*. 1 vol.	5 fr.
— — *Histoires poétiques*. 2 vol.	10 fr.
CHATEAUBRIAND. *Atala, René, le Dernier Abencerage* avec notice et notes par ANATOLE FRANCE. 1 v.	6 fr.
ANDRÉ CHÉNIER. Poésies complètes. 3 vol.	18 fr.
LÉON CLADEL. *Le Bouscassié*. 1 vol.	6 fr.
— — *La Fête votive*. 1 vol.	6 fr.
— — *Les Va-nu-pieds*. 1 vol.	6 fr.
FRANÇOIS COPPÉE. Poésies 3 vol., chaque vol.	5 fr.
— Théâtre 3 vol., chaque vol.	5 fr.
— Prose. 2 vol., chaque vol.	5 fr.

Paris. — Imprimerie Alphonse Lemerre.

www.ingramcontent.com/pod-product-compliance
Lightning Source LLC
Chambersburg PA
CBHW060656170426
43199CB00012B/1820